高校校园体育文化建设与发展探究

杨 明 著

中国原子能出版社

图书在版编目（CIP）数据

高校校园体育文化建设与发展探究 / 杨明著. --北京：中国原子能出版社，2024.1

ISBN 978-7-5221-3244-0

Ⅰ. ①高⋯　Ⅱ. ①杨⋯　Ⅲ. ①高等学校–体育文化–研究　Ⅳ. ①G807.4

中国国家版本馆 CIP 数据核字（2024）第 005291 号

高校校园体育文化建设与发展探究

出版发行	中国原子能出版社（北京市海淀区阜成路 43 号　100048）
责任编辑	杨晓宇
责任印制	赵　明
印　　刷	北京金港印刷有限公司
经　　销	全国新华书店
开　　本	787 mm×1092 mm　1/16
印　　张	13.5
字　　数	194 千字
版　　次	2024 年 1 月第 1 版　2024 年 1 月第 1 次印刷
书　　号	ISBN 978-7-5221-3244-0　　定　价　72.00 元

作者简介

杨明，女，毕业于西华师范大学体育教育训练学专业，硕士，副教授，任职于四川文理学院，研究方向为体育理论实践。近年来，主持市厅级课题 2 项，参与省级课题 4 项，公开发表学术论文 10 余篇。

前　言

　　校园体育文化是一种科学理性的文化，不仅包含着体育精神，还有丰富的人文内涵。通过弘扬科学理性的精神，校园体育文化旨在培养学生的健康运动意识和正确的体育态度，让学生通过系统的体育课程和丰富多彩的体育活动，了解体育锻炼对身心健康的积极影响，形成科学的锻炼习惯，远离不良的运动行为。

　　高等院校是培养高素质人才的摇篮，肩负着全面提高国民综合素质的重要任务。高等院校对学生的培养必须注重综合素质的全面提高。新时期高校学生必须具备健康的体魄、全面的知识，但是大学体育的学时有限，因此，学校需要通过加强校园体育文化建设来弥补体育课堂教学的不足。

　　校园文化对于大学生的各个方面都可以产生积极的影响，特别是校园体育文化，可以使大学生更加自信、自强，激发学生的自主性，使学生自愿、积极地进行素质文化提升，不断拓宽自身的视野，提升个人综合素质。校园体育文化可以深化学生的思想认知，提升学生的凝聚力和创造力，使学生更加团结向上，在校园内形成积极的学习风气和人文氛围。高校应充分发挥自身的组织能力，加强校园体育文化建设，充分利用文化资源，以正确的理念营造良好的校园文化氛围，全面贯彻落实素质教育、人文教育，鼓励学生在积极的校园体育文化的影响下提升自我，培养良好品德，积极参加活动，加强自身对外交流的能力，形成不怕苦、不怕累、敢于拼搏、积极向上的精神，促进校园精神文明建设的向好发展。

本书第一章为高校校园体育文化概述，分别介绍了高校校园体育文化的概念、高校校园体育文化的发展历程、高校校园体育文化的结构及内容、高校校园体育文化的特征与功能四个方面的内容；本书第二章为高校校园体育文化建设，主要介绍了四个方面的内容，依次是高校校园体育文化建设的原则与要求、高校校园体育文化建设的内容、国内外高校校园体育文化环境建设的比较、高校校园体育文化环境建设的策略；本书第三章为高校校园体育健身文化建设，主要介绍了三个方面的内容，依次是高校校园体育健身文化形成的背景及特征、高校校园体育健身文化建设现状、高校校园体育健身文化建设路径探索；本书第四章为高校校园竞技体育文化建设，包括竞技体育文化概述、竞技体育文化对高校校园文化建设的影响、高校竞技体育与校园体育文化在多层面的互动发展三方面内容；本书第五章为高校校园体育文化的传播，主要介绍了四个方面的内容，分别是高校校园体育文化传播的价值、高校校园体育文化的网络传播、高校校园体育课的文化传播、高校校园体育活动的传播；本书第六章为高校校园体育文化发展与创新，主要介绍了三个方面的内容，分别是高校校园体育文化的发展现状与趋势、美国校园体育文化发展对我国的启示、高校校园体育文化的发展创新。

在撰写本书的过程中，笔者参考了大量的学术文献，得到了许多专家学者的帮助，在此表示真诚感谢。本书内容系统全面，论述条理清晰、深入浅出，但由于笔者水平有限，书中难免有疏漏之处，希望广大同行批评指正。

目　录

第一章　高校校园体育文化概述

校园体育可以说是整个体育事业发展的重要基础，校园体育教育承担着培养体育人才的重任，理应受到极大的重视。但是当前我国高校校园体育文化的发展，在物质层面、精神层面和制度层面都或多或少地存在问题，因此，对我国高校校园体育文化的方方面面展开具体的研究与分析，找出导致这些问题的原因，并采取有针对性的措施去解决这些问题势在必行。本章为高校校园体育文化概述，分别介绍了高校校园体育文化的概念、高校校园体育文化的发展历程、高校校园体育文化的结构及内容、高校校园体育文化的特征与功能四个方面的内容。

第一节　高校校园体育文化的概念

一、体育文化概述

（一）体育文化的界定

体育文化是人们在体育现象和促进体育发展的活动中表现出的思维

和行为方式的总和，它包括价值观念、精神状态、情感倾向，以及理论认识、方法手段、技能技术等方面的表现。

"20世纪，对身体文化这一概念的解释和使用更为多样化。现代奥运会（以下简称奥运会）创始人皮埃尔德·顾拜旦认为，体育文化是旨在促进健康和增强体力的身体运动体系，是与自然的运动形式相对应的人为的体育形式；也有人认为身体运动不仅要用科学来解释，它还显示出生命的旋律和美，是文化的表现体；还有的解释更为宽泛，认为身体文化是包括从身体涂油剂、颜料，营养摄取、入浴设施直至身体训练的运动器械在内的各种文化现象的总体。"①第二次世界大战后，苏联和东欧各国把"身体文化"作为关于体育的最广义的概念来使用，认为它是整个文化的组成部分。凯里舍夫在《苏联体育教育理论》中，对身体文化进行定义："改善苏联人民健康、全面发展其体能、提高运动技巧以及创造体育教育专有的精神和物质财富等方面获得的成就的总和。"

文化与体育文化有着上下级之分，体育文化是文化的分支之一，是人类文化组成中不可或缺的一部分。这个领域涵盖了人类体育运动的各个方面，包括物质、制度、精神和行为文化等，也是社会文化中不可或缺的一部分。除此之外，体育文化还包括人们对体育运动的理解、情感投入、价值观念、道德准则、制度安排、产业发展和物质条件等多个方面的内容。其中，体育观念、意识、思想和价值等是体育文化的核心所在。从文化学和社会学的角度来看，发展体育文化比仅仅进行体育运动更加紧迫而且至关重要。体育文化的发展可以更全面地推进个人成长，并促进个人与社会之间的和谐。

体育文化是以强身健体、愉悦身心、振奋精神、寻求积极生活方式等为主旨的体育运动及其所创造的物质与精神财富的总和。

---

① 刘靖南，王家林，谢翔. 体育文化与健康教程［M］. 桂林：广西师范大学出版社，2007.

（二）体育文化的结构

体育文化的结构是体育文化系统在发展过程中保持整体性并发挥关键功能的内在根据，它同时也决定着体育文化的特征。

体育文化是一个有机结合的综合体，由四个部分组成：首先是体育物质，它是体育文化的关键，满足体育文化主体的需求，同时也是体育活动不可或缺的条件，包括体育场馆、器材、服装以及各种形式的体育运动等。其次是体育管理制度，涵盖国家和高校发展体育的相关规章制度，以及体育运动的比赛规则等。这些制度对规范大学体育起着重要作用，对于一些特定的体育行为具有一定的强制性和指导性。此外，体育管理制度还囊括了各类体育机构，比如体育管理部门、体育联合会、运动队以及体育俱乐部等。在体育文化系统中，制度扮演着关键的角色，它是不同层次之间联系的纽带，具有最高的权威性，决定着整个体育文化的性质。再次是体育行为，指在体育实践活动中，体育文化主体所遵循的约定俗成的体育行为规范、表现方式和内容，这些主要通过体育习惯来表现。最后是体育精神，占主导地位，包括体育的思维方式、审美体验和价值观念。体育文化的发展目标取决于体育价值观念，因为它是体育文化的核心。除了外部各种有形物质、强制性的制约因素，体育文化的主体在进行体育行为时，还受到内在道德规范、社会、教育、政治、文化观念等各种非物质、自我决策的影响。

在体育文化的框架内，体育精神文化是由文化主体所持有的认知、情感、价值观和理想组成的。其中，体育精神作为最富有活力的元素，对于体育文化理念和传承方向产生着重要影响，能够真实反映文化主体的主观意愿和文化水平。

二、高校校园体育文化的概念界定

在高校校园内的特定环境下，有一种与社会文化有所不同的亚文化，它便是校园体育文化。校园体育文化的广义定义包括学生参与体育教学、健身运动、竞技比赛和体育设施建设等活动所累积的一切物质和精神财富。

高校校园体育文化属于一种多元性体育文化，其发展过程所涉及的内容众多，要想实现健康发展，需要学校各方人员的共同努力。一般来说，课堂教学、课外活动、各类形式的校内外运动竞赛以及校园体育基础设施建设、校园体育制度建设等都属于校园体育文化的内容。总体而言，这些校园体育文化内容，既有精神的又有物质的。

高校校园体育文化是一种以大学校园精神为主要特征的群体文化，这一文化内涵主要体现在体育观念和体育意识等方面。正是通过这些方面的发展，高校校园体育文化的内容才逐渐丰富和完善，逐渐发展和形成一个一体化的校园体育文化群，这对于促进我国体育事业乃至社会主义精神文明的建设都具有重要的意义。

高校校园体育文化是由校园文化和体育文化共同融合而成的一个新产物，它既属于体育文化，也属于校园文化。二者之间有着非常高的关联度，相互影响、相互促进。校园体育文化，其限定语为校园，也就是说校园是其发展的环境，离开了校园这一环境，就不能称之为校园体育文化。而体育文化也是一种限定，是关于体育方面的文化，而不是其他方面的文化。

一般来说，文化的产生与发展需要具备三个方面的条件，即文化创造的主体、文化施加的对象，以及文化发展的环境。这三个方面缺一不可，缺少了任何一个方面，文化都难以得到发展。校园体育文化可以说是人类文化的重要内容，其发展对于学校文化以及整个社会文化的发展都具有深远的影响和意义。

在高校校园体育文化建设与发展的过程中，文化创造的主体，即教师和学生在其中扮演着十分重要的角色，正是他们的共同努力创造了丰富多彩的校园体育文化。加强高校校园体育文化建设对于学校教育的长远发展非常有利，理应受到高度重视。

第二节　高校校园体育文化的发展历程

一、高校校园体育文化的演变过程

对于高校校园体育文化的发展，我们可以根据社会、政治、经济和文化等背景的不同，以及校园体育自身发展的规律特点，将之分为四个发展阶段。

（一）高校校园体育文化的恢复发展阶段

20 世纪 70 年代末 80 年代初，高校校园体育文化呈现出的特点是自发性和无序性，这种特点是大学生集体精神和共同追求的外在表现。但是，如果我们以大学生为主要对象进行分析，可以发现在这一阶段，高校本质上未能有效地促进大学生全面发展，因为校园体育文化建设的目标与内容未能充分满足大学生的全面发展需求。

随着时间的推移，高校体育逐步恢复。高校体育的工作重点已转向恢复体育课、开展课外体育活动、加强运动训练，同时也开始逐步完善各种竞赛活动。随着十一届三中全会精神的推广，大学生们渐渐摆脱了教条主义的束缚，意识到自我价值的重要性，开始发挥自己思维的力量，分析世界，总结历史，开拓未来。

1978—1982 年，高校遵循《普通高等学校体育课程教学大纲》和《国家体育锻炼标准》的指导方针，推广了第六套广播体操，并举办了多个重要的综合运动会。受"实践是验证真理的唯一标准"观念的影响，大学生重新认识到了体育的价值，并在校园文化活动感受到了体育给予身体和精神上的激励。同时受到"为祖国健康工作五十年"口号的鼓舞，他们深刻领悟到时间的珍贵，带着强烈的责任感和使命感，刻苦学习，强身健体，坚定决心为加速国家的"四化"建设献出青春力量。因此，这段时期高校校园体育文化活动成了一个新的热点，是一种主要体现使命感和责任感的校园文化。

然而由于时代的局限性，社会经济发展水平较低，政治、教育均处于恢复调整改革阶段，这一时期的高校校园体育文化相对比较贫瘠，形式单一，组织无序。

（二）高校校园体育文化的探索发展阶段

20 世纪 80 年代，高校校园体育文化处于探索阶段，从自发性向自觉性转变，从无序走向有序。大学师生积极地尝试不同的组织形式来丰富校园体育文化，并不断加强校园体育文化的育人功能。

1986 年正式提出"校园文化"概念后，高校校园体育文化呈现出初步转变的趋势，逐渐从自发向自觉、从无序向有序发展。学术界提出"校园文化"概念后，大学校园文化的相关研究备受关注，特别是校园体育文化，作为高校校园文化的重要组成部分，也备受研究者关注。由于处于探索阶段，高校建设校园体育文化难免需要经历一些弯路，同时也难以避免负面文化、不良文化对大学生产生负面影响。

随着社会经济文化的不断发展，大学生的自我意识、危机感以及历史使命感逐渐得到唤醒。中国竞技体育初步取得的成绩为中国民众带来了无比骄傲和自豪的情感体验，这增强了大学生们的政治认同和自我价值感。中国女排五连冠、李宁时代体操的辉煌、中国羽毛球队的出色表现，运动员在奥运赛场上屡屡创下辉煌，这些历史性的壮举深深地打动着大学生们的内心。在女排姑娘们的示范下，中国体育精神中的团结协作、拼搏进取和坚韧不拔的品质，深深地触动了大学生们的内心，激发了他们的强烈情感。同时也使大学生们把奋斗精神发挥到了学习和校园体育文化建设的各个方面。

然而，由于当时的社会环境等限制因素，高校校园体育文化在某些方面存在不足之处，例如缺乏深度和多样性的载体。在促进大学生全面发展方面，校园体育文化采取了两种方式：一种是由学校组织的体育活动，另一种是由学生自主组织的各类小型体育文化活动。因为缺少可以参考的一流大学成功经验，并且没有深入研究大学生文化，因此高校在校园体育文化建设方面的重视程度和组织指导还存在不足之处，尤其是未能把校园体育文化活动与大学生的需求、观念、政治及道德教育等有效结合起来，导致校园体育文化的思想政治教育和道德教育功能较弱。同时，各种不良和负面文化也在校园文化发展过程中存在，这导致高校校园体育文化出现了严重的偏差。

（三）高校校园体育文化的深入发展阶段

从 20 世纪 90 年代开始，高校开始深入发展校园体育文化。这一时期，高校正越来越重视构建合理、多样和规范的体育文化。学校开始逐渐应用校园体育的各种元素，包括器材、理念、规则等，以发挥它们对学生的教育价值。大学生对校园体育文化活动的兴趣逐渐提高，同时这些活动形式更具有灵活性和多样性，在吸引更多的大学生积极参与方面贡献显著。

科教兴国战略和社会主义市场经济的发展带来了深刻的社会变革。这些变革对于人们的世界观、人生观、价值观，以及生活方式都造成了深远的影响。这种影响更加推动了高校校园体育文化的发展。在大学内部环境的影响下，高校认识到了体育在大学生身心教育方面的重要价值，因此采取了积极、严格的高校体育政策，以促进学生全面发展。首先，贯彻落实《全国普通高校体育课程教学指导纲要》扩展了高校体育课程内容，并使大学生能够更自主地进行学习。其次，高校推广《学校体育工作条例》和《大学生体育合格锻炼标准》，目的是提升学校体育运动的质量和效果，提高大学生的身体素质和健康水平，最终目标是推进校园群体活动模式改革，提升高水平运动队的成绩和表率作用，促进大学生体育职业联赛的发展，深化体育科研工作。这些举措的意义在于让大学生在体育活动中体悟文化内涵，实现大学体育与大学生教育的更深层次融合。

在 20 世纪 80 年代末，由于社会经济体制改革对高素质人才的需求增加，就业竞争也日益激烈。这一情况进一步鼓励大学生加强自我提升意识和竞争意识。高校的体育文化提供了广阔的平台，鼓励学生拓展视野、获取知识并积极参与相关实践活动，充满激情地投入校园体育文化实践，满足提升自身综合素质的需求。在学校范围内，各个班级、院系和社团都积极地开展了各种形式的校园体育文化活动，使整个学校充满活力。这表明大学生的价值观正在发生变化，超越了传统的、固化的单一价值观念，逐渐转向更注重体育价值观的发展。然而，由于各高校在校园体育文化建设方面的重视程度、支持资金、规划设计、指导思想等方面存在差异，因此高校校园体育文化建设的协调一致性并未达到理想状态，高校之间的差异很大。

（四）高校校园体育文化的和谐发展阶段

高校在恢复发展期、探索发展期、深入发展期积累了丰富的经验，为高校校园体育文化建设的和谐发展和科学发展打下了坚实的基础。在大学培养人才的过程中，高校校园体育文化是一种极为重要的载体，无论是在理论上还是在实践上都起到了至关重要的作用，可以有效促使大学生在各方面得到全面发展。

就校园体育文化建设而言，在新时期，国家和高校扮演着更加主要的角色，对其内部发展环境产生更明显的影响。越来越多的高校已经将校园体育文化建设视为一项重要任务，并且不仅是体育部门、学生工作部门、共青团组织的责任，更多的部门也参与其中，以实现高校校园体育文化的科学化、和谐化。大学校园的体育文化呈现出更多元、更丰富、更高层次、参与主体更加多样化的形态。

如今，大学生对于体育文化的需求呈现出更加多样化和个性化的趋势。他们在面临各种挑战的同时，也享有多种机遇。他们充满了对追求事业成功的激情，同时也感到了理想和现实之间冲突的无可奈何。大学生更加关注提升自身的竞争力。参与校园体育文化有助于他们培养自身能力，提升整体素养。同时，参加校园体育文化活动可以缓解心理压力。现代大学生在校园体育文化参与方面更为成熟、更有目标导向性，充满着进取心和拼搏精神，参与的校园体育文化活动也更加多样化。

二、制约高校校园体育文化发展的主要因素

制约高校校园体育文化发展的因素有许多，具体从以下几个方面进行介绍。

（一）缺乏对高校校园体育文化的文化自觉

目前，在高校校园中存在着缺乏对体育文化的文化自觉问题，这一现象表现为对体育文化的认知不足、缺乏参与体育活动的主动性，以及对体育文化的深层理解不足，等等。一些高校的校园体育文化甚至出现了逐渐萎缩乃至消失的现象。校园体育文化的发展首先有赖于全民的文化自觉，也就是全社会的一种行为。因此，文化自觉对高校校园体育文化的发展具有重大意义，是大学校园体育文化得以发展的前提。而要解决高校校园体育文化发展受制于缺乏文化自觉的问题，需要通过全方位

的工作，从教育、社会认知、校园文化建设等多个层面入手，逐步培养全校成员对体育文化的文化自觉，促进校园体育文化的全面发展。

（二）理论体系的不完善和不成熟

在当前社会背景下，校园体育文化作为高校文化的一部分，由于其理论体系相对滞后，未能及时适应社会变革和人们需求的发展，直接制约了校园体育文化的发展和深化。首先，理论体系不完善表现在师生对校园体育文化内在核心价值认知的不足。校园体育文化不仅仅是一种形式，更是一种精神追求和文明积淀，其内涵包括了人文关怀、全面发展、团队协作等方面，然而，目前的理论体系往往过于注重形式，校园体育文化的深层次理解和价值体系的建构尚未得到足够的关注。其次，理论体系的不成熟还表现为缺乏适应时代需求的创新性。随着社会的不断变革和高校体育文化的多元发展，理论体系需要更加灵活和开放，以适应不同背景下的发展需求。但目前的理论框架未能充分考虑到现代科技、互联网等因素对校园体育文化的影响，导致体育文化在适应新时代需求上存在滞后性。

为解决这一问题，需要采取一系列措施，包括加强对校园体育文化核心理念的研究、提升理论体系的创新能力、促进学科交叉融合等方面的工作。通过理论体系的完善，为高校校园体育文化的健康发展提供更加坚实的理论基础，使之更好地服务于学生全面发展和高校文化建设的目标。

（三）经济基础薄弱和师资力量匮乏

高校校园体育文化建设受制于经济基础薄弱和师资力量不足的客观现实。高校校园体育文化建设的总体水平是由经济基础决定的，因此校园体育文化是社会上层建筑的一部分。在校园体育文化建设之前，必须先注重校园物质文化建设。由于历史等原因，计划经济时期国家未能投入足够的教育经费，导致高校体育设施建设常常缺乏资金。高校在体育方面的投资仅足以支持基本的体育教学，而要满足体育文化建设所需的物质条件，需要更大的投资。

校园体育文化建设的质量主要取决于体育教师的专业素质和教学水平。当前，高校体育教师队伍仍存在一些问题，难以满足现代社会的需求。教师受到传统的"体质教育观""技术教育观""竞技教育观"等教育思想的影响，对体育目标的理解变得"狭隘化"和"低层次化"，忽视体育文化建设。部分体育教师缺乏足够的"二次学习"机会，往往墨守成规，缺乏开拓创新的精神，且缺乏科学研究的意识，业务水平和文化素养发展不平衡，无法跟上现代教育思想的发展步伐，从而忽视了校园体育文化建设的重要性。受商品社会不良思想的影响，一些体育教师缺乏对工作的热爱和奉献精神，对于校园体育文化建设的重要性缺乏足够重视，这也是造成问题的原因之一。建设体育教师团队是一项较为艰难复杂的长期工程，所耗费的时间长于体育设施建设，且难度也更大。因此，我们需要重视高校体育师资队伍建设。

第三节　高校校园体育文化的结构及内容

一、高校校园体育文化的结构

高校校园体育文化体系非常丰富，其中包含各方面的要素，这些要素主要涵盖实体与非实体两个方面。体育场馆、体育设备等属于实体性的体育文化内容，而校园体育精神、校园体育制度等则属于非实体性的内容。图 1-3-1 为高校校园体育文化的结构示意图。

```
┌─────────────────────────────────┐
│          高校校园体育文化          │
└─────────────────────────────────┘
        │
   ┌────────┬──────────┬──────────┐
┌──────┐ ┌──────┐ ┌──────┐ ┌──────┐
│物质文化│ │制度文化│ │精神文化│ │行为文化│
└──────┘ └──────┘ └──────┘ └──────┘
   │        │        │        │
┌──────┐ ┌──────┐ ┌──────┐ ┌──────┐
│体育建筑│ │体育组织│ │体育道德│ │校运会 │
│体育用品│ │体育政策│ │体育思维│ │体育文化节│
│体育场地│ │体育规范│ │体育价值│ │体育课 │
│体育器材│ │体育教学│ │体育心理│ │自我锻炼│
│体育服装│ │体育科研│ │体育意识│ │      │
│      │ │      │ │体育思维│ │      │
└──────┘ └──────┘ └──────┘ └──────┘
```

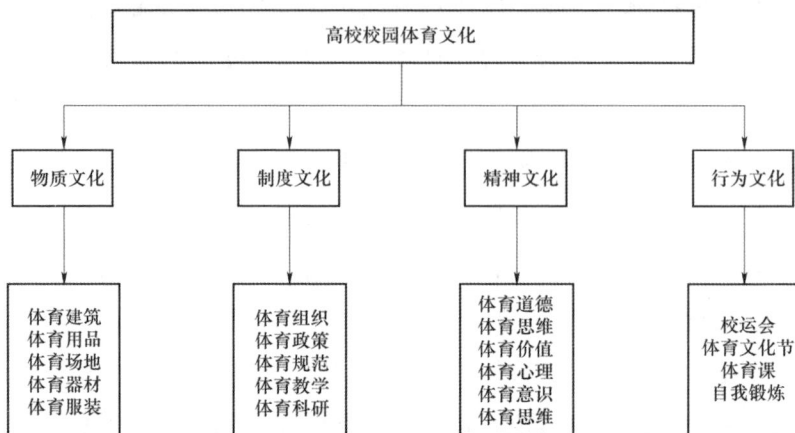

图 1-3-1　高校校园体育文化结构示意图

（一）高校校园体育物质文化

高校校园体育物质文化指的是那些实体性的内容，如足球场、篮球馆、各种体育设备器材等。这些内容都能被人们直接感知，是体育运动发展的重要基础。可以说，物质文化是校园体育文化发展的重要基础和保障。

（二）高校校园体育制度文化

制度文化是高校校园体育文化的重要组成部分，它是精神形态与物质形态的中间层面，主要起一定的连接作用。在校园体育活动中，随时随处都能见到各种体育制度的"身影"，如体育教学、体育训练、体育科研、体育竞赛等。大量的实践与事实表明，建立一个完善的制度文化体系对校园体育文化的发展具有深远的影响和意义。因此，高校体育制度文化应得到高度重视。

（三）高校校园体育精神文化

在高校校园体育文化体系中，精神文化居于主导地位，可以说，它是校园体育文化的灵魂，在很大程度上决定着主体文化的目标。校园体育精神文化体系的内容也很丰富，主要包括价值观、审美观、娱乐观等多方面的内容，是校园体育文化发展的重要保证。

（四）高校校园体育行为文化

行为文化是人类根据实践经验总结而形成的，也是人类社会不断发展创新的重要途径，涵盖了各种对人类进步有益的经历和活动。体育行为文化反映了人们参与体育活动所获得的经验和不断创新的成果，对于推动体育的发展起到了积极的作用。

二、高校校园体育文化的内容

（一）高校校园体育物质文化的内容

高校体育物质文化涵盖校园建筑、场地和器材多种要素。这些要素不仅承载着校园体育文化的意识，也是学生进行体育锻炼的基础，更是校园体育文化建设不可或缺的重要条件。若缺乏适当的文化设施，校园体育文化的建设将变得十分困难，所谓"巧妇难为无米之炊"。因此，我们需要加强校园体育设施和文化建设。

高校校园体育物质文化包括以下几个方面：一是高校校园体育标志，通常指大学体育标志性建筑物、大学体育吉祥物、标准色、大学体育运动服饰、大学体育图标。有着悠久文化历史的高校校园通常都有承载高校历史与使命、体现大学文化精神的体育标志，以此激励高校的持续发展。二是校园体育环境，包括自然环境、体育建筑风格、体育建筑布局等。校园体育环境的建设能够展现高校的人文气质和体育传统。三是校园体育场馆和器材设备，这是高校校园体育文化发展的基础和保障。高校校园体育活动的开展包括体育教学、群众体育与校内体育竞赛、大型体育文化活动等，这些均离不开高校体育设施的支持，这些设施包括体育场馆、体育器材等。校园体育运动项目很多，每一个运动项目均有各自所需的体育场地和体育器材，高校在校园体育设施的建设、购买、维护、更新方面的投入是大学体育经费的最大支出。

（二）高校校园体育制度文化的内容

高校校园体育制度文化是一种贯穿体育教学、娱乐和竞赛等活动的文化，它规范了学生在这些活动中应该遵守的规则和行为准则。这种文化是在体育教学实践中不断形成和发展，并通过相关规定得以巩固确立的，它的主要特点包括高度科学、可靠、精准明确、规范性极强等。它是评估教学质量和运动能力的重要指标。在规则约束下进行体育比赛和竞争可以指导学生，培养他们的德育素养，使他们养成守规矩的行为习惯。

高校内部的体育制度文化包含多个方面。第一个方面是高校校园体育的组织机构。高等学府的行政部门通过校园体育组织机构，负责调度、规划和执行校园体育文化活动，督促学生遵守高校的相关体育规章制度，具备教育和管理能力。第二个方面是制定法规和政策文件，以规范高校体育活动。这些文件涵盖教学、课外体育活动、运动训练与竞赛、科研、社团组织、国际交流、师资培训等方面。完善这些制度能够促进高校体育活动的有序发展。第三个方面是高校体育活动所传承的文化。高校体育传统是一种常见的、相对稳定的文化形式，它承载了高校文化的核心价值，并具备引领、规范和激励学生的功能。高校的体育传统和特色受到多种因素的影响，例如学校类型、规模、办学条件、师生结构以及地理环境等，因此每所高校都有其独具特色的体育文化。第四个方面是高校校园中的体育文化和日常习惯。高校校园中存在一种隐性的传统，它并非由管理层制定，也没有硬性规定。这个传统源自于体育文化的受众，旨在协调彼此的关系和利益。在高校中，师生能够形成特有的、群体性的体育习惯和约定俗成的规则，这便是高校体育文化的特色所在。

高校校园内体育文化受众的行为受大学体育制度的严格规范，以确保校园整体体育行为的稳定。因此，大学体育制度犹如一个模具，它引导和规范着大学体育主体的体育行为，对高校校园体育文化的真正形成起着决定性的作用。

（三）高校校园体育精神文化的内容

高校校园体育文化的核心在于其体育精神文化的表现形式。校园体育精神文化包括但不限于学生的道德观念、思想觉悟、心理素质、行为规范等。一旦产生，高校校园体育文化就会成为校园内汇聚人心、团结一致的力量，其方向明确，能够影响和规范每位学生的思想和行为，影响他们的价值观和品德素养的形成，同时也会成为激励学生积极进取的精神力量。同时，这个概念也指在从事体育活动时，师生员工所展现出来的思考方式和心态。它是在长期的教学和生活实践中逐步形成和发展的，师生共同认同它作为群体意识的一部分。

因此，强化和弘扬良好的体育精神文化是高校校园体育文化建设的核心和宗旨。

（四）高校校园体育行为文化的内容

高校校园体育行为文化是校园体育文化的活动表现，主要体现为校园人的体育习惯、体育风气、体育传统、体育方式、体育活动质量以及校园体育在高校各项活动中的地位等。学生在行为文化引导下建立良好的师生关系和同学关系，相互尊重、团结友爱、积极向上，不歧视、不训斥，形成一个良好的体育集体，营造一个良好的人际氛围。

首先，大学体育是大学生的必修课程，是大学生校园体育的最重要内容之一。大学生在大学本科期间必修 4 个学期的体育课，体育课程内容、上课时间在各个大学有所不同。当前大部分大学的体育必修课程安排在大学一、二年级，部分大学采取学分制管理办法，在大学四年任选 4 学期修学体育课程。在规定选课时间内，大部分大学实行"三自主"体育选课模式，即学生可以在规定资源内任选上课内容、上课时间和任课教师。除了体育必修课外，各大学均为大学生安排了健身性、娱乐休闲性更强的体育选修课，选修课教学内容、考核方法等与体育必修课均有较大区别。

其次，校内外体育竞赛、课余运动训练、高校大型体育文化活动等都为广大师生提供了表现自己、展现个性和运动技能的舞台。具体包括校内学生篮球、足球、排球联赛，乒乓球、羽毛球、健美操等锦标赛，全校学生、教职工运动会，体育文化节，体育社团竞赛，高校之间的体育友谊赛等。

再次，大学体育社团建设情况能够反映出高校校园体育行为文化水平。体育社团文化建设的好坏直接影响学生体育综合素质的培养和提高。体育社团文化建设的多样性能极大地调动引导师生体育运动的积极性。丰富多彩的体育社团活动、种类齐全的体育社团类别、浓厚的体育社团文化氛围，都会直接与间接地影响校园每个个体的体育思想意识、体育行为举止、体育运动中的交际与沟通能力、组织管理与协调能力、团结与合作能力等。各个大学体育社团的管理规范性、多样性差异较大，体育社团数量一般为 10～35 个。

最后，高校校园体育行为文化还包括大学生的个体健身活动。大学生个体健身活动具有自发性、自觉性，它能够有效地培养大学生的体育健身意识，有利于大学生体育健身习惯的养成，但是也有缺乏组织、管理和指导等弊端，如果引导不当，不良的体育行为文化会导致大学生体育行为的异化，如在运动场上突然发生的事件，或者在比赛时发生的暴力行为，以及体育课堂上出现的学生之间的敌意等不符合道德标准的行为。这些行为的发生可能来源于多种因素，例如学业压力、情感挫折、报复心理、竞争压力等。这些行为往往是突然发生的，很多时候都没有任何预兆。当前，预防和制止不良行为已成为体育文化建设不可或缺的方向之一。

第四节　高校校园体育文化的特征与功能

一、高校校园体育文化的特征

（一）校园性特征

高校校园体育文化是一种独特的亚文化，其最显著的特点是与其他文化有所区别的校园环境。校园体育文化的特殊性在于其具有校园性质，它有自己的独立性，不受社会文化和其他校园文化的影响，并且每个校园都会形成独特的体育文化。校园体育文化可以被划分为物质文化和精神文化，同时还涵盖体育行为的制度文化等方面。高校校园体育文化是广泛传播的，它通过体育运动，影响校园每个角落和个人，形成独特的校园体育文化现象。

（二）教育性特征

高校校园中的体育文化是一种特殊的现象，它与校园生活中的成员密不可分。参与校园体育文化活动的个体是教育的主导者，而校园体育文化则作为客观存在，不断在校园环境中发挥着明显或潜在的影响。这恰恰是高校校园体育文化的核心作用，同时也是高校将体育列入教育体系的根本动因所在。

（三）实践性特征

在高校校园中，体育文化不仅是校园文化和体育文化的融合，更体现出体育的实践本质特点。此外，人们在求知阶段的学生时期通常怀有旺盛的探索欲，希望通过亲身体验来增加经验和知识。在校园里的体育活动中，学生有针对性、有组织地促进自己的体育发展，参加各种受欢迎的体育活动，通过实际操作感受到体育的愉悦和意义，并增强体育道德和精神方面的素养。高校校园体育文化活动不仅仅在学术方面进行拓展，还有一定的社交价值。在活动中，学生能够增长社会知识和提高交际能力。此外，这一实践性活动还能够为学生的理论知识和实践技能之间搭建一座桥梁，使二者有机融合，共同促进学生全面成长。

（四）创造性特征

在高校校园体育文化的发展中，创造是其不可或缺的精神支柱，没有创造，校园体育文化也就无法不断发展。高校是知识精英聚集的场所，对社会体育文化的现状和发展关注度较高。高校可以举办内容丰富、形式多样的校园体育文化活动，丰富校园文化内涵，增强师生体育文化意识，同时也为师生员工提供展示创意思维的机会。

（五）时代性特征

随着时间的推移，文化也在不断演变，每个时代的文化都具有自己的特色。校园体育文化与所处时代的政治、经济和文化发展息息相关，紧密相连，不可分割。高校校园体育文化一直在传承、审视和超越前一时代的文化。正是由于这个特点，高校校园体育文化在不同的时代会呈现出不同的形态。

（六）导向性特征

高等教育的宗旨在于培养学生全方位发展，即德智体兼备，使学生能够适应社会的发展和需要。高校的体育文化活动必须以此为准则，全面服务和支持这一宗旨的实现。因此，校园体育文化的建设必须考虑高等教育所需的合格人才，并提倡进行科学、健康、文明和高品位的体育文化活动。鼓励学生根据自身特点，积极参与校园体育文化活动，提供能让他们自我表现、自我教育、自我管理、自我提高的组织、环境、场所和体验。通过参与体育文化活动，大学生能够不断提高人文素质和修养水平，遵循科学的方式进行体育锻炼，树立正确的人生观、道德观和体育观念，同时弘扬爱国主义精神。

（七）娱乐性特征

高校校园体育文化的一个显著亮点是具备娱乐性的特质。在大多数情况下，高校校园体育更注重满足人们的身心需求和个人意愿，而不要求参与者高超的技艺水平、深刻的体育哲理和深厚的体育文化素养等。它采用了通俗易懂、自娱自乐、轻松愉快、具有游戏性质的方式，吸引参与者参与其中，享受直接而愉悦的体验。高校能够提供多种多样的体育文化活动项目，包括竞技、表演和休闲项目等。这些活动充满趣味和欢乐氛围。高校校园体育文化最具吸引力的地方在于能够唤起人们的情感和精神共鸣，引发娱乐兴趣。不同的运动项目能带给人们不同的情感体验，大学生可以选择参与各种形式的体育活动，人数和场地都可以灵活调整，时间长短和规则尺度也可以根据不同人群的需求来安排。参与体育运动的结果是不可预测的，需要参与者持续不断地努力和抓住机会。这种充满未知与挑战的情境，不仅能激发人们的热情和冒险精神，同时也带来了各种复杂的情感和体验，这些因素吸引了广大大学生的积极参与。体育运动可以实现减轻压力、促进社交和增进友谊的效果，从而满足大学生在休闲娱乐和身心健康方面的需求。因为高校校园体育文化的娱乐价值极高，它自然而然地成了一项极富魅力的活动，吸引广大师生的积极参与。

（八）复杂性特征

高校校园体育文化的复杂性，主要体现在其内涵方面。高校校园体育文化的内容涵盖四方面内容：高校校园体育的物质文化、高校校园体育的精神文化、高校校园体育的制度文化和高校校园体育的行为文化，具体可分为体育观念、体育精神、体育知识、体育制度、体育规范、体育场馆设施、体育艺术、体育服装、体育资料、体育标识以及体育宣传等。其影响是多方面的，包括学生体质的增强、精神状态的提升、形象气质的改善、技能水平的提高以及心理健康方面的积极体验。此外，高校校园体育文化的复杂性还体现在内部关系的矛盾和协调方面。在大学校园中，专业培训与校园体育文化之间的矛盾和冲突尤为突出。尽管竞技体育文化通常被认为是正统文化，但它有时却成了校园体育文化正常发展的重大阻碍。这是高等教育改革、提高学生人文素质水平所面临的挑战。

（九）渗透性特征

高校校园体育文化的渗透性是指高校校园体育理念能够深入到学生的学习、生活，从而促进良好体育价值观念的形成。体育运动所蕴含的核心价值在于竞争和奋斗的精神。现代社会人必须具备这种心态和认知能力，以提高职业素养和适应社会发展的要求。在发达国家，个人的运动经验备受重视。美国很多知名的企业家都有各种不同水平的体育经验。因此，我们应该充分利用体育精神的力量来影响和引导在校大学生，推动高校校园体育文化的发展。大学竞技体育文化是一种独特的文化现象，以"竞技"为手段，以不断挑战大学生的身心极限为内涵。这形式可以汇聚大学生的精神力量，同时展现运动的魅力。与其他文化现象相比，竞技体育文化对大学生精神和行为文化的影响是独具特色、不可替代的。因此，它对大学生的体育观念有着至关重要的作用。

此外，大学体育越来越成为促进社区体育和家庭体育发展的关键推动力。社区体育专家和学者普遍认为，社区体育应以高校为基础，利用其场地设施和浓厚的体育文化氛围来进行开展。高校的地理位置通常处于较大的社区中心，因此是开展社区体育活动的最佳场所。同时，高校内的体育教师经过专业培训，他们能够在业余时间扮演社区体育指导员的角色，为当地居民提供体育服务。高校校园的宽广空间和自由氛围是社区居民进行体育运动的理想场所。通过发挥大学体育文化的影响力，可以让它灵活融入社会生活，进而对社区体育和社会文化产生积极作用，带动社会体育的发展。

（十）交叉性特征

尽管当代高校校园文化和体育文化存在分野或独立，但它们并没有抛弃高校校园体育文化这个历史上遗留下来的共同领域，而是共同拥有并保留了这种文化。通过对高校校园文化和体育文化的精选和重新组合，现代高校体育文化得以在建设自身的同时，呈现出高校校园文化和体育文化完美融合的理性魅力。因而，可以说高校校园体育文化是高校校园文化和体育文化有机融合的结果。它扮演着将校园文化和体育文化联系在一起的纽带与桥梁的角色。

（十一）时尚性特征

高校校园体育文化的核心是当代大学生，他们是引领社会发展的重要群体。步入 21 世纪，人们认识到体育是一种重要的社交和生活质量提升方式。因此，体育在高校校园中成为一种潮流。大学生在休闲娱乐方面主要选择参与健身和体育文化活动。作为高知识水平的群体，大学生不仅容易接受传统的体育和物质产品，而且还可以融合传统的体育文化精髓，塑造出属于自己独特的体育文化生活。高校校园里，各种健身活动如篮球、排球、足球、乒乓球、羽毛球、太极拳和游泳等都十分热门，吸引了大批参与者。此外，新兴的运动项目，如网球、棒球、拓展训练和舞蹈等，也在悄然兴起，并因其新颖、挑战性和刺激性而深受大众欢迎。高校校园体育文化得以更加丰富多彩，是因为传统和新兴体育项目的引入注入了新的元素和活力。

二、高校校园体育文化的功能

（一）健身功能

世界卫生组织指出："健康不仅是免于疾病和衰弱，也是保持身体上、精神上和社会适应方面的完善状态。"[①]这一概念改变了以往健康仅指无生理功能异常、免于疾病的单一概念，阐明了人的健康应包括身体、精神和社会三个方面的标准。高校校园体育文化能提高人的健康水平，因为它以多种形式呈现，其中体育活动是最主要的形式。通过参与体育活动，高校师生能够在身心方面得到很大的益处。首先，体育活动有助于改进和提升中枢神经系统的功能，从而使人思维敏捷、头脑清醒。另外，运动可以促进身体器官的功能改善和塑造更健康的体型，进而提高人们的工作效率和身体素质；运动可以增强人的活力，让生活更加愉悦，并减少消极情绪和疲惫感，提高人的抗压能力和心理素质，形成乐观豁达的性格，从而适应自然和社会环境，增强身体免疫力，进而起到促进健康长寿的作用。

（二）激励功能

美国著名的心理学家 Maslow（马斯洛）认为，人的精神生活需要安全感、存在感、成就感的满足[②]，而体育文化能够激励人们在社会生活中不断地奋发向上。

第一，高校的体育文化可以激发学生追求更高目标的动力，让他们发挥出内在的潜力。在高校体育文化中，竞争的精神是不可或缺的组成部分。这种精神所蕴含的挑战自我、超越对手、突破极限的元素，可以激发学生对体育活动和竞赛的热情，提升他们的体育兴趣和技能水平，

---

① 陆宇榕，王印，陈永浩. 体育文化与健康教育探究［M］. 北京：新华出版社，2018.

② 李夏旭. 现代心理咨询实务［M］. 上海：文汇出版社，2021.

为他们实现人生目标提供强有力的动力。

第二，高校体育文化的体验性体现了对学生参与体育活动的尊重，能够对他们产生激励作用。高校体育文化能够培养学生的团队意识，让他们学会甘心为集体和团队奉献，彼此信任、相互勉励、互帮互助。高校体育文化提倡对任何参与者都要给予尊重，鼓励他们积极参与，维护他们的荣誉感，使他们能够尽情地享受团队活动带给他们的快乐。

第三，高校对体育文化的规范突显了对激励的重视。规范性的高校体育文化要求所有参与者必须遵守规则、尊重对手，并进行公正比赛。这不仅有利于培养学生尊重他人、公正竞争的素质，也在体育活动中打造了一个公正竞争的良好环境。在大学里，同学们通常处在一个竞争激烈的学习和生活环境中。如果我们能够尊重参与高校文化育人活动的每一位同学，使他们感受到自己的成就和受人尊重，就能不断激发他们参加体育活动的意愿，并提高他们的集体凝聚力。

高校体育文化所倡导的体育精神可以满足学生的心理需求，让他们获得尊重和成就感，并且融入集体。在学校的各类运动比赛中，不管是需要协同合作的项目，还是展示个人能力的项目，都展示了团结协作的团队精神和勇往直前的民族精神，这是毫无疑问的。这些精神可以激发大学生对祖国的热爱和为实现中华民族伟大复兴的使命感和责任感。高校体育文化通过协调激励目标、尊重激励和参与激励等方面的策略，成功地达到了培养人才的目的。

（三）导向功能

高校校园体育文化能够通过传递积极的价值观、热情参与的态度，以及促进身心协调发展的健身观，培养学生充满勇气、乐观向上的心态，并帮助他们摆脱消极的生活态度和思想内容。随着高校大门对社会的敞开，近年来一些悲观、消极、不健康的观念悄悄地渗透到大学校园，而很多大学生由于还没有走出校园接触社会，在心智上还不够成熟，很容易受到外部因素的影响以及被别有用心之人的利用。因此，高校应该努力营造积极健康的文化氛围，并协助学生树立正确的价值取向。高校体育文化所倡导的勇往直前、公正竞争、团结协作等理念是非常有意义的，可以帮助大学生树立正确的人生观、价值观和世界观。此外，这种文化还可以坚定他们对中国特色社会主义的信念，促使他们不断追求自己的理想。高校体育活动中的精神文化，如爱国爱家、互帮互助、尽职尽责等，有利于培养学生的爱国主义精神、拼搏进取精神、社会责任感，能够为他们的人生指明前进的方向，帮助他们实现人生梦想。

（四）规范功能

高校体育文化规范的作用是通过高校校园文化的影响，塑造大学生的思想观念、价值观和道德行为，让他们接受并践行这种文化。即使高校体育文化中强调竞争，但其基本原则仍然是公正竞争的理念，包括对竞争对手的尊重、遵守规则以及公平比赛等。高校育人的要点之一是让学生意识到：在未来的发展中，公平竞争对他们至关重要。高校体育文化的规范化需要学生恪守规章制度，严格遵循法律法规。高等学府的体育制度文化能够规范学子们的体育行为，促使他们逐步形成一致的行为规范和道德准则，同时也有助于塑造卓越的精神文化传统。这些规范有效地制约了学生们的日常行为表现。培养学生对道德价值和情感的认知，使他们逐渐将校园文化中的道德和法律准则融入自己的内心，从而自觉地遵循这些准则，规范自己的行为。高校体育制度文化是校园文化不可或缺的一部分，在不断完善相关规章制度的基础上，对学生的行为进行外部约束和规范。通过规范高校体育文化，能够培养学生公正竞争的观念，进而增强他们的竞争力。

（五）德育功能

高校德育课程的主要内容包括对学生进行公民道德、道德品质、道德理想、行为规范及文明习惯方面的教育。德育的重点在于实践道德，高校体育文化中的规则是对学生的行为规范和文明习惯进行的教育。著名体育人物的故事也能够激励学生勇往直前、不断进取。不论是奥林匹克运动中所倡导的更高、更快、更强的理念，还是公正裁判与公平竞争的理念，都是体育文化的体现。大学生在体育精神文化的影响下，容易树立高尚的道德理想，培养崇高的道德情感并形成正确的道德认知，强化坚定道德意志，表现积极的道德行为，践行社会主义的道德原则和标准，养成优良的道德品质和良好的个人作风。大学生在追求体育竞技胜利的过程中，应保持谦虚心态，即便失败也不气馁，在奥林匹克精神的启发下，追求更高的成就，挑战极限，不断进取。这样的经历能够锤炼他们的意志，使他们变得坚定不屈、勇往直前，在体育领域，秉持"公开、公正、公平"的理念，坚守"诚实守信、光明磊落"的原则，用合法手段获得合法利益，从而为未来步入社会奠定优秀的职业道德基础。同时，参与体育活动需要团队精神，要求个人放下私利，追求贡献，有助于提高大学生的社会责任感。

（六）娱乐功能

在高等教育中，除了强调"教化"作用外，还应重视"教育与娱乐"的作用，以便让师生在忙碌的工作和学习之余，放松并调整自己的身心状态，更有效地应对繁忙的工作和学习任务。这方面，校园体育文化具有独一无二的优势。大学校园体育文化内容十分丰富，包括多种竞技和休闲项目，从高水平比赛到大众练习，都强调娱乐性质。这种文化能够吸引广大师生，满足他们的生理、心理和文化需求，帮助师生放松身心，暂时抛开工作和学习的压力，带来愉快和自由的感觉，同时保持积极的心态。此外这些体育文化活动还有助于培养审美情趣、享受生活中的美好，进而促进身心和谐和健康的发展。

（七）凝聚功能

高校校园体育文化的凝聚功能主要体现在高校校园体育精神文化上。高校校园体育文化建设的重要目标之一，就是形成一种内求团结、活跃校园氛围，外求发展、提高大学声望的精神风貌。良好的校园体育文化环境能使人处处感到高校校园独有的魅力和生机。无论是在同学之间、师生之间，还是师生与大学之间，体育传统和文化氛围都有助于建立强烈的责任心和荣誉感，进而激发一种令人振奋、催人上进的力量。即使离开校园后，师生也会时刻怀念、感受到高校的体育给他们成长、生活带来的快乐、健康和力量，进而发扬在大学中形成的体育观念和生活方式，为维护母校的声誉、为母校争光而努力奋斗。总之，优秀的校园体育文化具有催人奋进的凝聚力和激励作用，能激发全体师生对高校的认同感、自豪感和荣誉感，能激发广大师生员工的工作热情和学习热情，进而使高校的凝聚力得到拓展和升华。

（八）沟通功能

大学是一个与外界相对独立的文化社区。随着现代计算机和网络技术的不断发展，高等教育已经更加注重实践性，但同时也暴露出了沟通交流的瓶颈。通过举办各种形式的体育活动，高校可以创造更开放的社交场所，增进不同群体之间的情感沟通和接触机会，并消除各种封闭状态。这样不仅可以增加人际交流的频率，促进人际关系的融洽，还能增强校园凝聚力和向心力。高校之间的交流，可以通过体育竞赛和体育研讨的方式来进行，因为体育是最容易激发情感交流、价值认同和化解矛盾的介质。

第二章 高校校园体育文化建设

大量的实践证明，一个良好的校园体育文化环境对于体育教学活动的顺利开展及教学质量的提高有着至关重要的作用。浓厚的体育文化氛围可以激发学生的学习兴趣，提高主动参与体育运动锻炼的意识，对于学生终身体育意识的养成具有非常重要的作用。校园体育文化环境的建设涉及诸多方面，在建设的过程中也要讲究一定的策略与方法。本章为高校校园体育文化建设，主要介绍了四个方面的内容，依次是高校校园体育文化建设的原则与要求、高校校园体育文化建设的内容、国内外高校校园体育文化环境建设的比较、高校校园体育文化环境建设的策略。

第一节 高校校园体育文化建设的原则与要求

一、高校校园体育文化建设的原则

（一）主体性原则

在高校校园体育文化建设的过程中要时刻遵循"以人为本"的基本

原则，即主体性原则。学生作为学校体育教学活动的主体，也是校园体育文化的创造者和受益者。因此，建设高校校园体育文化的过程要充分围绕学生这一主体展开。在现代教育背景下，以往的传统教育已很难适应现代教育的要求，过去单一向学生教授运动技能或知识的观念和做法需要作出一定的改变，当前新型的素质教育更加注重学生全面素质的培养和提高。作为校园体育从业人员，要充分认识这一点，秉承全面素质教育的理念，以学生为主体，培养学生正确的体育价值观念，本着公平、公正、公开的体育原则，激发学生学习的兴趣，促进学生各方面的发展和提高。与此同时，体育教师在组织学生参加体育活动的过程中，还要有意识地让学生了解体育运动的组织方法和运行规律，培养学生体育活动组织方面的能力。

总之，在现代教育背景下，为迎合学校素质教育的改革，必须本着学生主体性这一原则，以学生为核心，努力为学生创造一个良好的体育文化氛围，这能为学生的发展以及学校体育教育提供重要的帮助。

（二）与时俱进原则

任何事物都始终处于不断变化和发展之中，没有绝对一成不变的事物。在人类社会中，新鲜事物的出现会影响整个社会的变革与发展，社会文化也是如此。可以说文化是时代的产物，每种文化都有其固定的一面，但随着时代的发展，文化也会随之发生改变。校园体育文化也是如此，如 20 世纪 80 年代兴起的排球热、20 世纪 90 年代的足球热都说明了这一现象。

进入 21 世纪后，随着社会生产力的逐步提升，人们的生活观念也发生了一定的转变，人们在追求物质富裕的同时，更加重视精神上的富裕，追求真正的身心健康。在这样的时代背景下，作为社会亚文化的校园体育文化，也要与时俱进，与社会同步发展，学校体育的管理部门，要充分认识到这一点，做好校园体育文化建设。

（三）统筹协调原则

高校校园体育文化的内容非常丰富，在加强高校校园体育文化建设的过程中要本着系统性以及统筹兼顾的原则进行。只有做到各方面统筹兼顾，其建设过程才能有序、顺利地进行。一般来说，统筹协调的原则主要体现在以下方面。

1. 软件与硬件的协调

"软硬"结合主要是指与高校校园体育文化有关的软件与硬件之间的协调与配合。其中，硬件主要包括学校体育场地、器材等；而软件则包括师资力量、体育精神、体育制度和体育行为规范等内容。这两方面缺一不可，都属于校园体育文化建设的重要组成部分。

在高校校园体育文化建设的过程中，工作人员不应过分偏重于某一方面，而是要尽量做到"软硬兼施"，统筹兼顾地做好两方面的协同发展，这样才能使校园体育文化始终保持在平衡的状态中发展，从而达到理想的建设效果。高校校园体育文化建设的过程往往会出现各种各样的问题，如学校的硬件设施比较完善，但软件设施却有所欠缺，这时候优良的硬件设施只能作为展示实力的摆设；相反，如果学校的组织内容多样、制度完善，但硬件设施却相对落后，那么，所谓的组织计划、规章制度都成为一种空谈。由此可见，"硬"是"软"的基础，"软"是"硬"的条件，要将两者协调起来发展，这样才能提高校园体育文化建设的水平，达到事半功倍的效果。

2. 课堂教育与课外活动的协调

在现代校园中，体育教育主要有课堂教育和课外活动两种形式。因此，在进行校园体育文化建设的过程中，要以这两种形式为基础。

在我国各级各类学校中，体育课都是重要的必修课。一般来说，体育课又分为室内课和室外课两种形式。前者主要是体育理论课，后者主要是体育实践课。其中，理论课主要讲授体育文化知识，以及与体育运动相关的运动医学、运动保健学、运动营养学等基本理论；室外体育课则以实践为主，主要传授学生体育运动技能、体育比赛规则等内容。总体来看，体育实践课所占的课时比例远远高于理论课，理论课只占很小的一部分。

课外体育活动极大地丰富了校园体育文化体系，促进了校园体育运动的发展，因此，它也是校园体育文化建设的重要内容。

相对于体育课，课外体育活动的内容更加丰富、时间更为充足、形式更为多样，属于体育课的有益补充。因此，它有着强大的生命力，也受到广大学生的欢迎和喜爱。

相对于体育课，课外体育活动能更充分地满足学生的个性需求。但是，课外体育活动往往是盲目和无序的，需要一定的理论知识和运动技能作基础。因此，学生在参与运动锻炼时，首先要学好理论课，以理论指导实践，用实践补充与完善理论知识，两者是相互影响、相互促进的关系。

二、高校校园体育文化建设的要求

（一）物质文化建设要安全、实用

1. 安全性

学生在参加学校体育活动，尤其是课外体育活动时，有发生安全事故的风险。因此，在进行校园体育物质文化建设时要重点强调运动的安全性，要经常检查体育场地与器材等，确保这些体育设施的安全性，以为学生参加体育活动提供良好的安全保障。

2. 实用性

当前，我国很多大学的体育教学资源都比较欠缺，其中体育场地与器材是非常重要的一方面，因此在修建体育场地时，要注意场地与器材的实用性，尽最大可能满足学生的体育需求。实际上，在建设体育场地的时候，有一些学校只注重场馆的美观性而忽略了实用性，造成资源的浪费，这种做法是不可取的。

（二）组织形式要多样化

目前，我国大部分学校的校园体育活动主要包括运动会、体育课、课间操等几种形式，但是随着时代的不断发展，这些活动已难以充分满足学生的个性化需求。在建设高校校园体育文化的过程中，体育活动要丰富多彩，活动内容要健康并有一定的娱乐性。也就是说，高校校园体育文化的建设要多元化，而多元化的发展要通过多样化的组织形式来实现。多样化的体育活动组织形式能为学生提供更多的选择，满足学生的多样性需求，激发学生参与体育运动锻炼的积极性。

（三）内容要有娱乐性和健康性

1. 娱乐性

在现代社会背景下，竞争越来越激烈，在校园中也是如此，学生面临着较大的学习压力和就业压力，精神上长期处于紧张状态，长此以往难免会出现一定的心理问题。因此，参加体育活动锻炼就成为一种有效缓解学生身心压力的良好途径。经常参加校园体育运动，可以使学生消除紧张心理、放松身心，不仅能使学生获得心理的愉悦和享受，还能促使学生以积极乐观的心态投入日常生活和学习之中，获得全面发展。

2. 健康性

"健康第一"是当今学校体育教育的重要理念。处于青春期的学生，经常参加体育运动锻炼能有效促进身体发育，保证身体健康。而高校校园体育文化建设要为学生营造一个健康的体育环境，需要注意以下几方面的内容：

（1）要建设良好的体育物质文化，主要包括体育场地、体育器材等。

（2）要有雄厚的师资力量，拥有一支高水平的体育教师队伍。

（3）要建立科学、健全的校园体育规范准则体系。

（4）要营造一个浓厚的校园体育文化氛围。

此外，处于青春期的学生具有很强的可塑性。因此，在建设校园体育文化的过程中还要向学生宣传正确的体育意识，促使他们树立正确的体育观、人生观和价值观，帮助他们养成良好的体育健身意识。

（四）要持之以恒

学生要想实现增强体质、掌握运动技能、建立终身体育理念的目标，首先就要持之以恒地接受体育教育，坚持长期参加体育运动锻炼，否则是不可能实现的。

第二节　高校校园体育文化建设的内容

一般来说，高校校园体育文化建设主要有体育课、课外体育活动、课余体育训练、体育竞赛、体育文化节等内容。下面主要就以上内容做重点研究与分析。

一、体育课

（一）理论课建设

在大学体育中，体育理论课主要向学生讲授相关体育文化、体育卫生保健、运动营养学等知识。通过这些知识的学习和掌握，学生能够更加深入地理解体育对人类社会、国家和自己未来发展的重大意义。通过对保健与卫生知识的学习，学生能深刻理解健康的重要性从而掌握体育健身的基本方法。需要注意的是，体育教师在进行理论课讲解的过程中，切忌简单无逻辑地罗列知识，而是要合理安排与组合教学内容，使之符合现代体育教育的理念和潮流，以满足学生的体育需求。

1. 体育理论课教学现状

（1）教师认知不一致

教师教学的侧重点不同也会影响课堂理论课的教学质量。部分教师的教龄较长，理论知识扎实，因此会在课堂教学过程中着重强调理论知识的讲授，使学生先学会理论再结合实践进行应用。还有一些教师更在乎学生是否可以在体育竞赛中或考核中获得好的成绩，从而直观地展现自己的教学成果，因此忽略了对学生本身的启发和引导，不重视理论的传授。

（2）理论课安排的学时数量太少

2002年，我国推出了《全国普通高等学校体育课程教学指导纲要》，强调了要重视理论和实践相结合，增加理论教学内容。此举是为了提高学生的文化素养，加深学生对体育的认识，从根本上改变我国的体育教育现状。但是在实际的课程安排中理论课的课时占比还是很少，远远达不到要求。体育教师也缺乏对于理论课教学形式和内容的研究，所以很难发挥理论课的实际效果，这样就无法形成良性的循环，教师认为理论课没有实际作用，也就很少组织，只会在天气条件不适宜进行实践课时组织学生在教室内进行理论学习，教师的教课方法也十分枯燥。这样不利于学生对于体育运动的认知，在没有理论基础的前提下进行实际技能的学习，很容易使学生出现脱节或者无法快速融入课堂的现象，久而久之就会感到厌烦。另外教师的言传身教对于学生来说十分重要，教师不重视理论课教学，学生也就无法端正学习态度，从而对于体育理论学习不屑一顾。

（3）理论课教学相对枯燥

大部分的体育教师都有着很高的专业水准，但是却缺乏对理论和教学的深入研究，在教学过程中多数是生搬硬套，直接复述教材内容。体育教师在进行理论教学时要从教学方式到教学内容进行一系列的研究，从而使体育理论课堂不再枯燥，要以引导的方式进行体育理论教学，加以生动的解释，并注意结合实际应用，加强学生的理解。体育理论课的教学没有很强的应试意义，因此学生也会以消极的态度来对待体育理论课，传统的教学方式更容易使学生感到厌烦，体育理论中的专业名词较多，如果教师不能结合形象生动的展示和讲解，大部分学生是很难理解到位的。

2. 体育理论课建设对策

（1）丰富体育课教师的理论教学素养

教师是体育教学的主导，教师的水平影响着体育理论教学的质量，也影响着学生的学习效果。当前我国部分体育教师的体育理论教学水平较低，教学素养不高，责任意识有待加强，对于体育理论教学的重视程度不够，这些都是高校需要重点关注的问题，只有解决这些问题，学生体育理论的学习效果才能提升。因此要加强教师教学素养的提高，通过培训、讲座、评比等形式，鼓励教师丰富自身知识内涵，提升自身教学水准，改变自身教学态度，进一步优化体育理论课教学的形式和内容，学会通过课堂引导学生，调动学生的积极性。教师也可以通过教学积累实践经验从而完善自我，实现进一步提升。

（2）加强学生的主导作用

我国高校学生在应试教育体制下，养成了被动接受信息的习惯，很难进行主动学习，特别是进入高校后，升学压力减小使部分学生很难投入到学习中。针对这一特点教师要改变教学方式方法，关注学生的需求，尊重学生在课堂上的主体性，引导学生发挥主观能动性进行体育理论学习，让学生首先对体育理论产生兴趣，其次进行深入的挖掘和学习，最后对问题进行探索和解决，教师则需要从旁引导和帮助学生解决问题，这样的学习过程可以使学生真正掌握知识，形成体育理论知识系统，获得满足感。加强学生的主导作用还可以加强师生之间的交流，使教师可以对学生的认知程度有充分的了解，从而调整教学的进度，或者为学生提供他们需要的帮助。教师要改变传统课堂的教学策略，不能仅仅在讲台上输出知识点，还要多和学生互动，多引导学生进行思考，多与学生交流。为加深学生的印象，还可以让学生对于自己理解的知识进行示范，教师从旁指导和纠正，这样的教学方式更加直观形象。

（3）重视教学方式方法的改革与创新

要提高学生对体育理论课的兴趣，创造一个和谐的课堂气氛，就必须在教学方法上进行改革和创新。

第一，根据学科性质、体育理论课的教学内容及学生特点采用能激发学生兴趣和挑战欲望的教学方式方法。老师可以选用体育领域中学生感兴趣的名人或体育明星管理运动队取得成功或失败的案例，对比分析取得成功是缘于管理者恰当地运用了科学的管理原理和方法于运动队管理之中，相反，失败的案例主要是管理者在凭经验、凭自己的主观判断及感觉在管理。这样才可以激起学生的好奇心和学习热情。又如，《体育社会学》中"体育与教育"这部分内容，相对比较通俗易懂，就可以采用"视频教学法"，播放体育励志电影或短小视频，然后进行设问让大家共同探讨，这样既能引起学生极大的兴趣又能深刻挖掘出体育的教育价值，发挥体育运动对个性的培养与发展功能。又如，社区体育指导课，是一门实践性较强的活动课程，若单纯采用理论传授的方式，显然无法引起学生听课的兴趣。因此，采用"PBL（基于问题的学习）、TBL（团队学习）及微课小视频"相结合的课堂教学方式，在条件许可的情况下，还可以带领学生走向社区或健身俱乐部，这样就可以将课堂上的社区体育理论用于社区居民技术指导、健康咨询与培训、社区体育管理等方面，让学生切身体会到体育理论对实践指导的重大价值，从而促使他们更加积极主动学习。

第二，改革传统的体育理论课大班授课制，实行小班化教学。采用小班教学，有利于老师采用讨论式、启发式、学生自主授课等教学方式，以发挥学生积极性、主动性和创造性，提高他们的主体意识，满足他们展示自我、实现自我的心理需求。"事实上，有研究结果表明，开展学生自主授课教学方式进行教学，提高了学生的学业成绩及理论与实践相结合的能力；培养了他们的自主学习能力，团队合作精神，增强了自信心，激发了学生的创新思维与自主创新能力，教学效果极为显著。"①

（4）合理设置课程教学目标

一个合理的课堂目标设定，可以把学生的注意力和行为引导到体育课程的学习任务上，激励他们的努力，调动他们的能力，鼓励他们积极地去实施，并引导他们探索最适合自己的目的。不合理的目标设定会导致大学生的自信心下降、认知焦虑增强、参加体育活动的积极性下降，同时也会影响到学生的学习成绩。因此，要结合学生的知识基础、学习能力和心理特征，为他们设置明确、具体、可行但又具有一定难度的目标，以调动其学习的动力。在此基础上，应加强对学生个人体育理论知识学习前后的比较研究，以增加"成功机会"。一次成功的经历能塑造一个人的志向，也能增强他对实现自己人生目标的信心。

（5）完善体育课堂管理制度

为了提高大学生理论课教学效果，学校首先应组建由校领导—教务处教学负责人—院系领导—辅导员—辅导员—任课老师—学生干部构成的教学管理团队，形成一条龙的有效管理机制，完善相关管理制度，加强大学生体育理论课学习的管理。

首先，将理论课成绩与评先评优、奖学金发放挂钩；完善考试制度，加强监考力度，加大对考试作弊现象的严肃处理；对学生挂科现象，应出台相关硬性的限制性管理规定并严格执行。

其次，老师要加强课堂考核与管理。将平时成绩（考勤占 30%，课

---

① 李凤英. 学生自主授课法在体育理论课教学中的应用效果 [J]. 曲阜师范大学学报（自然科学版），2016，42（02）：109-113.

堂表现 30%，作业 40%）考核落到实处，重点加强课堂考核的管理与记录，包括学生听课、活动互动，对学生课堂表现的奖惩等，以此督促学生变被动为主动，变消极为积极，变他律为自律。

最后，学科带头人和教学督导应及时与任课老师沟通，有效反馈。同时，针对课堂教学质量问题应定期开展座谈与探讨，以推进课堂教学改革，提高教学效果。

（6）加强体育理论课的强制性

考虑到大部分院校和教师在很大程度上忽视了体育理论课，可以采用强制措施，要求学生严格遵守《纲要》的规定，学校必须为体育教师提供理论教学课堂。要对体育教师的理论备课情况以及教学反馈进行严格的检查，以保证体育事业的良性发展，持续培养高质量的体育人，强化终身体育的意识。所有的学校都要开设理论教学部分，让学生们对体育技能有更深入的了解，充分利用教学资源，激发他们对体育理论知识的兴趣，探寻他们对理论知识的兴奋点，让他们更好地掌握理论知识，为他们的技能掌握打下基础。要合理地安排好理论课的课时，让实践产生理论，用理论来指导实际，经过足够的理论教学，学生们对提高技能的体验会更加深刻。《中国教育改革和发展纲要》中指出："振兴民族的希望在教育，振兴教育的希望在老师。建设一支具有良好政治业务素质、结构合理、相对稳定的师资队伍，是教育改革和发展的根本大计。"要做好普通高校体育教育，必须有一批高素质的教师。而 21 世纪的大学体育老师，更应该注重自己的修养，加强自己的学习，掌握新的知识，改进自己的理论，改进自己的教学方式，从而使自己的教育质量得到提升，培养出更高水平的人才。在实践课中，学生的体力消耗很大，在这种情况下，学生们往往不愿意去听，也很难记住。为更好地调动学生对理论课的兴趣和热情，需要在理论教学中引入更多有趣的故事或竞赛，增强学生的学习兴趣，让他们更加主动和全面地接受体育知识。

（二）实践课建设

1. 田径

田径被誉为"运动之母"，在大学体育教学中也占据着非常重要的地位。田径课教学能帮助学生充分了解田径运动，理解田径运动的价值与内涵、基本原理和特征，掌握田径运动基本技能与运动方法，学习田径组织与竞赛方法。田径教学内容既与田径运动技能有直接联系，同时还与人的竞争心理有着密切的联系。因此，应从文化、竞技、心理等多方面合理安排田径内容教学，做好田径课建设。

2. 体操

体操是发展人的力量性、协调性、灵活性等能力的最为有效的运动项目之一。通过体操课教学，应使学生了解体操运动的内涵与价值，明白体操基本原理与特征，掌握体操锻炼方法及注意事项，能科学、安全地参加体操运动锻炼。

在体操教学中，体育教师选择教学内容时要充分考虑学生的竞技、心理、生理等方面情况，遵循循序渐进和因人而异的原则进行教学，切实提高学生的运动技能。

3. 球类

在大学体育教学中，常见的球类运动主要有足球、篮球、乒乓球、羽毛球、网球、排球等，这些项目深受学生的欢迎和喜爱。通过这些项目的学习，学生能掌握各项球类运动的基本知识，以及运动技能和训练方法。体育教师在教学的过程中，筛选出适合教学的内容比较困难。如果只是对单一技术进行教学，不仅不利于日后顺畅的比赛和应用，而且也会在一定程度上打击学生学习的积极性；而若想整体对技术进行详细讲解则需要的时间又较长，不符合体育教学的现实。因此，如果要想开展好这些球类运动项目的教学，必须通盘考虑，把握教学重点。

4. 民族传统体育

我国民族传统体育的内容非常丰富，其中武术是重要的学校体育教学内容。通过民族传统体育教学能使学生充分认识与了解民族传统体育的发展情况与内涵，能使学生充分理解中国的"武德"精神，并教会学生民族传统体育项目的基本功和一些主要动作。

要保证民族传统体育教学的质量，需要一定的实践时间，因此在教学过程中要讲究实效性。对于普通学生而言，民族传统体育中的一些基本功不是一朝一夕能够习成的，需要坚持长期的运动训练才能实现一定的目标。体育教师在传授教学内容时，应根据学生的心理特点强调教学内容的文化性、实用性，确保教学活动的顺利进行。

二、课外体育活动

（一）教师的课外体育活动

教师是高校校园体育文化建设的主体，因此开展针对教师的课外体育活动也是十分必要的。营造一个良好的校园体育文化氛围，可以促进师生间的有效互动。

教师的课外体育活动内容主要包括以下两个方面。

1. 缓解压力的体育活动

一般来说，校园中教师往往承受较大的压力，而经常参加一些如登山、春游等活动，可以有效缓解压力，消除心理疲劳，保持良好的精神面貌。

另外，还可以组织一些体育比赛，如教师田径竞赛、教师排球联赛、教师健美操比赛等，促进教师的身心发展。

2. 师生间的体育比赛

在一般课堂上，学生与教师之间存在着一定的距离感，而通过参加师生之间的比赛，师生同场竞技，学生可以充分发挥自己的个性，不仅提高了运动技能，还加强了师生间的沟通与交流，这对于增强师生间的关系具有非常重要的作用。

（二）学生的课外体育活动

1. 全校活动形式

全校活动这一形式规模比较庞大，影响力相对较大，而且可以进行统一领导与指挥，操作起来比较方便，也能为活动组织与管理者的工作提供一定的便利。一般来说，全校活动形式主要有以下作用：

第一，促进班级、年级之间的共同学习与进步。

第二，有利于学生的爱国主义与集体主义教育。

第三，有利于学生遵守纪律意识和集体荣誉感的培养。需要注意的是，全校活动的开展会受到诸如场地、组织、学生等因素的影响，需要活动组织与策划者通盘考虑。

2. 班级活动形式

班级活动这一形式，自由灵活、限制因素较少、便于组织管理，因此受到教师的青睐。一般情况下，班级活动主要以教学班为单位，由班级体育委员负责组织，其他部门及人员负责协助配合。班主任与体育教师在其中起指导作用，以确保班级活动的顺利开展。

3. 小组活动形式

小组活动可以根据学生班级、学生性别、学生兴趣等因素自然分组，如可以根据学生的兴趣爱好成立篮球组、羽毛球组、武术组等。各组由投票选出组长，各小组在组长的带领下开展体育活动。

4. 团体活动形式

团体主要是由体育兴趣爱好和特长相同或相似的学生自发组成的。通过在同一团体内参加体育活动，学生能加强彼此间的沟通与交流，体验到团队合作的成功与快乐。

一般来说，团体的组织都比较松散和自由，团体内的成员也不固定。团体成员既可以是本班与本年级的学生，也可以是其他班与年级的学生。另外，团体活动也没有固定的活动时间和地点。这一形式比较自由、灵活，学生可以根据自己的兴趣、爱好、体育需求等情况自由参加，能提高学生的参与度，形成良性循环。

5. 个人活动形式

个人活动是指学生根据自己的体育兴趣爱好与需要，以及体育锻炼的方法要求，自觉自愿选择的体育锻炼项目。个人活动这一形式充分反映了学生体育意识的觉醒，有利于学生养成良好的体育锻炼习惯，实现终身体育的目标。

通常来说，参加个人活动的学生大都是有着不错运动基础的学生或者体育锻炼积极分子，在学校中，可供学生个人活动的内容是十分丰富的，学生可以根据自己的爱好和兴趣自由选择体育项目。另外，体育教师也要积极引导这一部分学生进行活动，充分发挥他们的特长，为其他学生树立良好的体育锻炼榜样，积极带动全体学生获得发展。

三、课余体育训练

鉴于某些学生在体育方面拥有一定的天赋或某项运动特长，为了提高他们在运动技术方面的水平和身心素质，教师会在课余时间组织他们参加运动队、代表队、俱乐部等形式的有系统的训练，为我国竞技体育提供高水平后备人才。

通过课余体育训练，学生能有效提高体育认识，增强身心素质，提高运动技能，培养良好的体育道德作风和顽强的意志品质，为接下来的专项训练打下良好的基础。

具体来说，高校课余体育训练应该具有以下三个方面的作用：

（1）促进学生体能发展与运动能力的提高，锻炼人体素质和各项运动能力。

（2）课余体育训练应是学校培养高素质人才的补充措施。通过长期的课余体育训练，为我国体育运动队或群众体育提供高素质人才。

（3）课余体育训练应完善学生道德品质和提高其精神意志力，使他们接受爱国主义、集体主义和社会主义教育的熏陶，培养良好的意志品质。

（一）当前高校课余体育训练现状

1. 开展课余体育训练的模式相对单一

许多高校已察觉到这一理念，并开始在校园里实施相应的课外体育训练，但由于对相关理念的认识不足，导致教学模式单一的情形时有出现。大多数学校只开设常规的体育训练项目，如篮球、足球、羽毛球和排球等，而很少涉及其他项目。众所皆知，高校是培养专业技能人才的重要场所，在一所学校内，学生人数通常能达到1～2万人之多。相比之下，其他课余训练模式显然很少。此外，由于训练模式较为单一，学生们很容易感到枯燥乏味或难以掌握，对体育运动失去兴趣并逐渐产生退却心理。这种现象不利于整个校园体育文化的建设和发展。

2. 部分高校缺乏专业运动设施

除了课余体育训练，有些学校还面临着运动设施不够专业的问题。目前大学校园开展的课余体育训练主要集中在足球、篮球等球类运动项目上。由于这些运动对场地条件要求非常苛刻，大学校园内所拥有的场地数量有限，很多学生无法使用规范化的场地进行相关的体育锻炼。此外，还有一些活动需要室内空间和高度专业化的设备，这就使得许多学校放弃这些活动，因为它们无法提供所需的设施。

（二）形成当前高校课余体育训练现状的原因

学校应该与教师进行有效的沟通，以了解高校课余体育训练现状。

这样做可以确定高校课余体育训练存在的问题，确保后续训练活动能够达到最佳效果，激发学生对课外活动、体育锻炼等内容的兴趣，提高学生的自身综合能力和校园文化建设水平。

1. 对课余体育训练的重视程度不够

通过以上对目前高校在课余体育训练方面应用该观念的现状分析，可以发现学校尚未充分重视这一理念。由于学校及其教职员工未能认识到这种观念对学生和学校的益处，因此出现了许多技术和活动方面的单一问题。此外，还可以发现，教师们往往更注重学生的理论学习，而忽视了学生的实际能力的培养。这可能也部分归咎于传统教学方式的固化思维，认为理论学习更重要，而实际能力的培养则是次要的。然而，面对现代社会对于全面发展的重视，这种思维方式已经逐渐过时。因此，我们需要改变教育方式，注重学生身心健康的全面发展。尽管当前各所高校已经开始根据时代发展的需要和新课程改革的标准改变自身已有的教学方式，但教师在长期根植的观念影响下，整体训练活动的展开进程被不断拖延。因此高校面临的挑战关键是如何有效地推广课余体育训练，而需要攻克的难题也在于此。

2. 对课余体育训练的资金投入较少

从现有师资力量的角度来看，高校似乎不太有能力支持开展课余体育训练。此外，学校对这一教学方式的投资相对较少，而活动的形式也比较单一，专业设备不足。造成这一问题的原因比较复杂。举例来说，如今很多高校为了提高教学水平和学生的生活学习条件，通常会把政府拨给他们的资金主要用于新办公楼、教学楼和宿舍楼的建设，导致体育场地和场馆建设方面的资金不足。从社会的角度来看，我们可以发现目前政府对教育的投资，尤其是对高等教育的投资正在减少。这种趋势对于民办高校的影响相对较小，但对于国立或经济主要来源依靠政府资金的学校来说，则会面临极大的财务挑战。这种状况下的高校不得不把每一笔资金都用于必需的方面，以致不得不暂停一些课余体育训练项目。

因此，资金投入的问题也是当前高校课余体育训练无法正常进行的一个重要因素。

3. 缺乏对课余体育训练的管理经验

从目前出现的某些发展问题来看，许多高校课外体育训练之所以不能正常运转，其中一个重要的原因就是缺少管理经验。由于目前大部分大学的课外运动都是比较松散的，很多学生都仅仅是在没有任何约束的情况下，选择自己喜欢的体育项目。这种现象之所以产生，主要是由于学校内部的管理工作不到位，工作人员缺乏相应的管理经验，还没有建立起一个完善的管理程序和管理系统。在这种问题的影响下，学生除了自己组织的体育活动之外，很少有机会参加高校组织的体育活动，这种状况在某种程度上会对学生的体育热情造成更大的打击。

（三）推动高校课余体育训练良性运行的措施

1. 加强对课余体育训练开展的重视程度

针对问题所采取的对策中，最关键的一点是，要提高学校和老师对课外体育训练发展的重视，不能只当成是一项可有可无的课外体育活动，而要切实注意这种做法对学生的益处，并且要认识到，这种理念在校园中广泛实行，对于学校的文化建设将会带来很多的好处。只有这样，才能确保学校和老师都把更多的注意力放在活动的良性运作上，从而丰富活动开展的方式，提高学生的运动兴趣，促进学生的综合能力的发展，促进校园文化的建设，进一步提升学校的竞争力。只有如此，学校领导们才会看到这个项目的潜力，投入更多成本，从而形成良性循环。而为了更好地提升学校和老师们对课外体育训练发展的关注，各高校可以努力与其他高校进行友好的交流互动，吸取彼此的优点，让活动更加多样化。此外，还可以尝试定期组织教师开展统一化的时政学习，使教师了解和领悟新形势下的一些教育理念，从而更新自己的教育观念，确保在传授课程知识的同时，注重学生的身心健康发展。

2. 强化课余体育训练活动开展的灵活性

随着各个大学和学院的工作人员对自己的教育理念进行了更新，接下来就要着眼于课外体育训练的本身开展工作。正是由于目前大学里的相关活动形式比较单一，因此，学生在接受训练时也感觉比较单调，整个活动的效果不是很好。另外，在学院较为宽松的管理情况下，仍有相当多的学生不清楚相关活动的开展情况，因此，在这种情况下要使课外体育训练能良性运转更加困难。为此，学院可以通过增强整个活动的灵活性，也就是说，根据不同的观众群体，给他们最大限度的自由，并在学校中加大宣传力度，从而使整个活动有一个良好开端。

因此，学校的工作人员可以先对各个专业的学生的特点、运动偏好等方面的情况进行调查，在此基础上对课外训练的专业设施建设作出相应的调整，从而吸引社会各界的关注。而在宣传方面，则是由各个院系的学生会来负责，在这种情况下，会让更多的学生认识到体育训练的重要，从而使课外体育训练活动更加灵活。

3. 创新课余体育训练活动相关内容

要想更好地激发学生的运动兴趣，推动课外体育训练活动的良性发展，最关键的一点，就是教师们要主动地去思考，在活动的形式和内容上加以创新，让活动的内容能让学生们感兴趣，从而让他们愿意走出寝室参加活动。具体的创新内容，可以围绕项目、训练形式和训练主题展开，比如，学校可以在一年一次的常规运动会之外，增加两次创造性的"运动会"，不是局限于田径和器械类的竞技项目，而是加入舞蹈、武术、杂技等多种形式。这种运动会要比传统的运动会更加具有观赏性和专业性，更容易引起学生们的关注，自然而然就可以实现对学生身体素质的培养，同时也可以在一定程度上促进学校的文化建设。

4. 创新课余体育训练活动的训练形式

体育运动本身就是要有一定的运动量的，而以前没有锻炼基础的学生如果突然做了大量的运动，就会导致身体的不适，这对形成良好的运动习惯是不利的。不过，体育运动是要长时间的坚持，并且要有一定的运动量，这样才能达到锻炼的目的。因此，在体育教学中，教师应采取各种形式的体育锻炼方式，充分调动学生对体育的兴趣。在制定训练方式时，教师要结合学生自身的基本身体素质和接受能力，同时还要结合场地、时间等因素，在全面考量的基础上，按照客观的规律来进行训练，确保训练的质量。

比如，学生自身就有一定体育基础，对体育训练的兴趣和意愿也比较强，所以在训练的时候，可以采用竞赛性训练法，把参加体育运动的人分成小组，让同学们互相比赛，在比赛中增强自己的竞技欲望，在竞技中得到锻炼的满足感。如果学生自身没有运动基础，也没有养成好的运动习惯，那么老师就应该从培养运动兴趣入手，以游戏式的训练来进行课外体育训练，在开始之前，按照人数来决定游戏的形式，在游戏的过程中加入跑、跳、投掷等多种运动形式的游戏活动，以此来提高学生的基本体能，实现肌肉唤醒，并通过"玩"的方法来提高他们对体育锻炼的兴趣，为以后继续参加体育锻炼奠定坚实的基础。如果学生有一定的体育运动基础，想要利用课余时间来提高自己某一方面的运动能力，那么老师可以采用指导性的方法，在正式训练开始前，先测试学生的身体基础能力，然后根据个人的不同，设计出适合他们的训练项目，在以后的训练中，不断地提高他们的能力，并根据他们的运动状况，适当地增加或减少他们的训练量，为他们制定有针对性的锻炼方案，从而保证他们的训练效果，让课外体育训练活动真正与学生的需要相结合。

5. 建立课余体育训练活动教练员管理机制

在课外体育锻炼中，教练员与学员是两个主体。在训练活动中，教练员的职责是制订训练方案、总结训练进程、选拔和管理运动员、监督运动安全、建立激励机制，使同学们在安全、健康的环境下进行体育训练，提高训练效果。因此，学校要在制度上对教练员的劳动价值予以肯定，在分配制度、工作补贴、绩效评估、职称评定等方面适当倾斜，把运动队的成绩和分配制度相联系，对那些在训练方面有能力的教练，给予更多的物质奖励。同时，学院也要强化对体育教练员的管理和评估，鼓励他们在日常生活中主动进行体育锻炼和理论知识的学习，提高自己的教学水平和知识储备。在没有培训课程的时候，可以派遣教练员到其他学校去学习，观察其他学校的训练方式，通过与院校的交流，提高自己的教学水平，为以后的训练和竞赛打好基础。

6. 加大资金投入扶持课余体育训练活动开展

高校在调整经费投入时，要充分认识到当前社会发展的大环境下开展课外体育训练的重要作用，以经费的形式为学生开展课外体育训练提供场地建设、训练服装采购等后勤保障。在经费的发放上，可以积极地和有关的体育用品企业开展合作，在合作的同时，也要尽量争取企业的资助，如通过训练校队参赛来推广自己的品牌服饰，达到校企共赢的目的。另外，在资金的投入中，要对各种资金的收支情况进行清楚的记录，做好资金的管理，在进行体育用品的采购时，可以与其他学校进行合作，以较大的订货量，尽量把采购的价格降到最低。要扩大高校运动经费来源，减少经费投入，创造良好的体育环境，使学生们在未来的体育竞赛中获得更大的发展。

四、体育竞赛

一般来说，在高校中开展体育竞赛主要有校内竞赛和校际竞赛两种形式。

（一）校内体育竞赛

开展校内体育竞赛的目的在于培养与提高学生运动能力，促进学生个性发展，营造良好的校园体育文化氛围。体育竞赛开展的对象是全体学生，主要采用大众化的组织形式和比赛方法展开竞赛活动。

按照组织形式可以将校内体育竞赛分为校级体育竞赛、院级或年级体育竞赛、班级体育竞赛等形式。竞赛的项目主要有田径、各项球类运动、健美操等。此外，还可以举行一些小型的游戏形式的比赛，如接力赛、拔河赛等，以吸引更多的学生参与其中。与校际体育竞赛相比，班级体育比赛更为灵活，便于组织开展，是高校校园体育文化建设的重要手段。

（二）校际体育竞赛

组织与开展校际体育竞赛的主要目的在于促进校际间的体育交流，加强学校与社会间的交流。世界大学生运动会是校际比赛中级别最高的赛事，通过参加这种比赛，学生可以充分向全世界展示自己的运动能力，在获得胜利喜悦的同时收获自信心，增强爱国主义和集体主义精神。

五、体育文化节

校园体育文化节的举办不仅极大地丰富了学生的课余文化生活，而且有效地传播了学校的体育价值观，因此受到师生的热烈欢迎。体育文化节的主要载体是体育活动，主要目标是"健康、快乐、文明"，重点是培养师生的体育道德素养，营造良好的校园体育文化氛围。体育文化节的各项活动均面向全体学生开展，能够为学生参加体育活动提供良好的机会，学生可以在参与体育活动的过程中充分展示自我，实现自己的个性化发展。不仅如此，体育文化节的团体趣味活动还可以培养学生们的凝聚力和向心力，通过互相协作、相互配合，学生们能够更好地理解团队的力量，形成共同奋斗的集体意识。

体育文化节可以在节日里举行，也可以分教职工、学生两组进行比赛，这样不仅能充实师生的节假日生活，还能增进彼此间的关系和友谊。

（一）举办校园体育文化节的意义

校运会一直以来都是围绕着竞技体育展开，只有少部分人参与比赛，而大多数人则是观众。学校传统的体育运动会是展现学生体育水平和校园精神风貌的重要平台，这是毋庸置疑的，但是如果我们站在素质教育的角度看待过去的校园运动会，就能够发现：传统的校运会并不能满足素质教育的基本要求。

目前的校运会重在选拔体育水平高的学生，把重点放在比赛的输赢上，关注的是体育尖子生的比赛表现，但是对于广大学生群体的体育素质培养却不够关注，参与校运会的都是体育水平高的学生，普通学生因为可能无法给班级获得荣誉而不能参与比赛。一些学校将学生在校运动会中取得排名和获得奖章作为主要目的，这种做法忽略了大多数学生的需求，学生无法平等参与体育活动，这是对学生体育教育权利不重视的体现。校运会的主要目的是促进学校体育锻炼的普及，培养学生的体育观念和实践技能，提高他们的全面素质教育水平，使师生的校园文化活动得到丰富。近年来，校园体育节活动已经被作为一种培养学生全面素质的有效手段。大学生在校园体育节活动中承担推动学校体育文化建设的主要角色，学校与校园师生共同建立一个充满生机、包容多元且主张积极向上的运动文化氛围，以推动大学生全面的身心健康成长。举行体育节活动可以有效地激发学生的运动热情和兴趣，进而推动他们更积极地参与体育锻炼，提高他们的体育素质和意识，提升他们的综合能力，拓展他们的知识面，这对于学生来说具有重要作用。

（二）高校体育文化节组织建设原则

1. 贯彻"以人为本"的原则

在高校举办体育文化节时，应当深刻认识和探究体育教育的核心价值观，将"保持身体健康"作为最重要的原则，秉持人性化观念，培养学生的运动技能和健康观念，同时明确学校体育对于塑造素质教育的重要性和积极作用。借助竞技运动、健身、娱乐和体育文化等多方面的资源，促进更多学生积极参与运动，以切实感受运动对身心健康及社会价值的积极影响。

2. 拓宽竞技体育外延的原则

在现代社会，体育竞争已成为一种不可或缺的文化形式，而金牌和名次只是竞技体育的一种表面呈现。其真正意义在于探索人类生理和心理的极限。校运会也应强调参与性和加强锻炼，将竞争放在次要位置，当然，这并不代表完全否定学校体育的竞技性和其作用。若高校体育文化节完全去掉竞技体育成分，完全避免竞争，那么比赛也将失去乐趣和激情，学生也会缺少追求卓越的驱动力。因此，高校体育文化节的重点在于将参与和健身作为竞技性质的基础，突出素质提升的重要性。将情感和文化元素融入竞技体育，为比赛增添更多元化的元素，使校园体育节成为学生展示兴趣和爱好的平台。这样做能够提升大多数学生对体育的认知水平和积极性，有助于他们在比赛中提高身体素质、情感素质和意志素质水平，激发他们参与体育锻炼的积极性。

3. 活动组织最优化的原则

在筹划高校体育文化节时，需要充分考虑现代教育和体育理念，以及要达到的培养目标。因此，借助最优化原则确定最佳组合来选择适合的体育活动项目，将有助于学生提高健康水平和学习兴趣、培养终身体育技能与技巧以及健康的锻炼习惯。为了达到最好的效果，活动的策划和组织需要精益求精，合理利用时间、精力和资源，以提高效率和达到最大的成果。在策划和组织体育文化节活动时，教师应发挥关键作用，既要引导并激发学生的参与积极性，也要为他们提供体验运动乐趣的机会，让他们成为活动的主要参与者。此外，还要着重培养学生参与活动策划、组织和实施的能力，让更多的学生以自己的方式参与体育文化节。这样，他们将能够获得更为深入的锻炼和体验。

（三）高校体育文化节组织建设要求

体育文化节是校园文化不可或缺的一部分，具有全体性、主体性、健身性、娱乐性、时尚性以及人文性，反映着时代的特征和实践需求。我们需要正确理解体育文化节应具备的时代特点和组织要求。

1. 全体性

要想实现素质教育，必须在全员教育方面下功夫。所以，高校体育文化节的指导理念强调全面育人，强调活动面向群体的广泛性、全员参与性和自主性。要努力寻找能够满足每位学生需求的途径，确保所有学生都能平等参与，不受身体素质水平的限制，以确保体育文化节成为一个汇聚师生、共同体验的公共体育文化盛事，让每位学生都能充分感受到体育运动的快乐和成功带来的喜悦之情。

2. 主体性

体育文化节的成功离不开学生全程参与体育文化节的运作。大学生参与体育文化节的准备、组织和实施不仅可以让他们享受这一节日的乐趣，还可以发挥他们的主体作用，深入磨炼自己，并在实践中敢于尝试创新和发展，在自我决策和主动成长中获得成长与收获。在传统的高校校运会中，比赛的动力和活力不足，主要是主办方对参赛主体的错误认知导致的。高校体育文化节的显著特征就是促进大学生积极参与组织、策划、实施、管理和评估活动，只有这样，体育文化节才能吸引学生们积极参与，提高体育运动水平。

3. 健身性

为了构建新时期的高校体育文化节，我们需要摆脱传统校运会的陈旧思维模式，强调"健康至上"的理念，以确保国家、民族未来与学生的健康长远利益相融合。学校体育的核心特点是通过参与体育活动来提高学生的身体素质和促进身心发展，旨在培养身心全面健康发展的人才。因此，在高校体育文化节中，应将加强学生的身体素质和促进学生的身体健康作为核心内容，举办多样化的体育文化节，其活动和运动项目重点应放在推广全民健康的理念上。

4. 娱乐性

体育是一种活动性游戏，也是一种人类独有的社会活动方式。参与各种娱乐活动，能够让人们体验各种充实、生动、鲜活的情感。随着现代生活节奏的加快，高校师生面临着繁重的学习和工作压力。因此，他们需要采用一定的方法来缓解压力，调整生活节奏，以便更好地适应这个快节奏的社会。在体育文化节举办的各种充实多彩的活动中，师生们可以学会如何适应新的生活节奏。通过培养学校师生的体育运动意识并为他们提供良好的体育运动环境和活动，能够有效激发学校师生参与体育锻炼的主动性和积极性。

5. 时尚性

当前人们需要具备强大的身体素质、耐力和心理素质来应对现代社会越来越激烈的竞争。随着社会的不断发展，人们对于生活品质的追求不断增强，开展健身活动的个性化需求也越来越多，为了塑造更加符合潮流和时尚的美学标准，可以把健身分为四个层次，即基因—自然—保健—最佳健康状况，这就是全球通用的"金字塔"健身理论。该理论表示人们健身的目标可以根据个人基因、自然条件、保健需求和追求最佳健康状况的程度来划分为不同的层次。根据金字塔健身理论的分类，时尚体育位于金字塔的顶部，也就是"健康状态的巅峰"。时尚体育的独特之处在于它不仅包含了传统体育竞技的激烈竞争，还融入了趣味性和观赏性等元素，这是其他体育项目所无法媲美的。流行的锻炼方式，因其追求创新变革、个性化表达和符合时代特色，将受到高校师生的欢迎。

（四）高校校园体育文化节的组织设计

应根据学校的特色、学生的需求以及校园建设等实际情况来确定体育文化节的规模、内容和形式，因此，没有固定不变的统一结构可供参考，其基本的设计思路如下。

1. 将体育文化节确定为学校的法定节日

高校可将体育文化节定为学校的法定节日，体育文化节的举办地点可根据学校的地理位置进行选取，体育文化节的举办时间可在学校师生间进行意见征询。

2. 确定体育文化节的主题词

校园体育文化节的主题应以学校的体育工作目标为基础，在能够反映学校体育工作的目标和中心任务以及举办体育节的目的的前提下，确定体育节的主题词，吸引学校师生广泛参与。

3. 确定体育文化节的活动内容

体育文化节的活动内容应摒弃传统运动会的陈旧理念，不能过分强调体育运动的竞技性，而要注重培养学生的体育素质，激发学生的运动热情，提高体育运动的普及性。为了吸引更多的学生参与，在确定体育文化节的活动内容时，需要考虑他们的生理和心理特点，激发他们的参与意愿和热情，并在体育文化节的活动内容中融入其他学科的相关内容，以培养学生的全面素养。活动策划必须涉及各种方面，既要保留传统的竞技项目，也要加入健身运动、休闲娱乐活动、趣味活动、观赏性活动以及综合性活动等。

第一，竞技体育活动。竞技体育活动的安排聚焦于经典的体育竞技项目，这些项目的技术挑战和运动强度都较高，有助于培养学生的毅力、竞争精神和进取精神，传承和拓展传统体育文化，提高运动员的技能和成绩，树立健康的身体健身观念。此外，学校也会选拔那些具有发展潜力的运动员参加更高级别的运动会，以促进校园竞技体育的进一步发展。

第二，健身活动。在健身活动方面，由于主要任务是帮助学生提升运动技能和基本身体素质，因此安排的比赛项目包括健美操、集体舞蹈、太极拳等多个方面。

第三，休闲娱乐项目。趣味游戏和传统文化的民间体育运动属于娱乐性体育活动。通过征求意见、征集项目的方式，可以使广大师生参与到项目的规划中，从而提升其参与积极性。筹备组应该制定一个目标，挑选一些具备丰富娱乐性、强烈竞争性、引人入胜的团体活动。为了吸引参与者，可以组织男女迎面接力赛、团体滚接球、蒙眼跳圈、拔河、踢健子、踩气球、团体绑腿跑、长绳接力和飞镖投掷等多种活动。这些活动竞争激烈，能充分调动参与者的激情，从而有效促进校园体育文化的建设。

第四，观赏性体育活动。通过举办体育运动竞赛和表演，可以激发学生的热情并提高他们对运动美的认知，这对于激发学生的体育兴趣和提高其体育素养具有非常重要的意义。在开展观赏活动之前，应当先向学生讲解参与的基本规则和技巧，以引导他们的心态从纯粹观赏转为认真参与，激励学生通过观赏活动，深入感受美的吸引力，获得内心的满足和深刻的情感体验，从而激发他们对参与体育锻炼的兴趣。观看比赛后，建议安排时间让学生进行讨论，以帮助他们全方位地了解比赛规则、技巧和策略，更加深入地观赏活动。

第五，体育知识讲座和体育知识竞赛活动。为了推动体育事业的发展，提高学生对体育运动的理解度和参与度，我们需要在校内组织丰富多彩的体育讲座。演讲的主题可以包括分析体育活动的目标和任务、研究体育在社会中的价值、介绍健康锻炼的益处、介绍国内外体育赛事、探讨当前的体育发展状况、深入探究奥林匹克历史、传承传统的民族体育文化以及展示身体塑造技巧等。然而，要成功举办一次体育知识讲座是十分困难的。需注意以下几点：首先，选定的话题是否符合当下关注的热点问题；其次，讲座的内容是否与本校的学生实际情况相符，能够被学生所认同；最后是演讲者的知名度以及演讲学术水平的高低。因此，在体育节期间的演讲活动中，建议邀请知名度较高的运动员或享有盛誉的体育专家。当学生参加体育知识竞赛时，他们能够更深入地理解和掌握体育知识，开阔视野并加强体育学习，将体育比赛的竞技因素融入知识竞赛中，使体育知识竞赛更具吸引力。在设计知识竞赛的题目时，应注意题目的专业性和生动性，建议优先考虑涉及体育科普方面的内容，尤其是那些有趣并且形象生动的题目。

第六，综合性活动。将高校校园体育文化与其他文化相融合，有助于拓展校园体育文化活动的范围和内容，使之更加多元。因此，高等教育机构应重视将体育、人文学科、艺术和美育融合在一起，协同促进校园体育文化建设。为了促进校园体育文化的繁荣发展，我们可以在体育节期间推出多个综合性活动。通过开展这些活动，能够吸引更多学生参与，从而促进校园体育文化的建设。

4. 确定灵活的参赛办法

鼓励各种形式的团队合作，以此调动积极因素，使更多的师生参与体育活动，可以男女同队、寝室同队、师生同队或跨年级组队、跨系组队等。打造一个充满活力和热情的校园体育文化环境，使每个参与者都能够在体育锻炼中获得快乐。

5. 体育节的形式和组织

高校举办全校师生共同参与的体育盛会，也就是大学体育节，其举办规模在不同学校有所差异，通常会持续一周左右。校园活动的范围十分广泛，包括全员参与的大型体育活动，也包括由学生自发组织、俱乐部或其他团体举行的各种规模的活动。在活动的安排和形式上，应该注重灵活性和多样性，让学生有更多的选择和参与空间。

通常来说，学校的体育节包含开幕式、体育活动和闭幕式三个环节。在不同的学校中，这些部分的规模、内容和形式都会因各自情况的不同而存在差异。有些学校可能会举行盛大的庆典，而有些高校只简单进行。

高校学生群体具有十分强大的力量。因此，大学管理者应该信任学生的能力，鼓励他们自主管理自己的事务，增强学生的自我管理和协调能力，让教育变得有趣且富有生机。在高校文化建设中，学生党组织、共青团组织、学生会和课余体育俱乐部都具有核心作用。他们是促进广大学生积极参与的重要引领和组织者，在激发学生参与体育文化节的热情方面发挥着至关重要的作用。因此，在策划全校师生参加的体育节活动时，应由校领导主导，学生会、团委和课外体育俱乐部担任主要组织者，并与体育教师合作，让学生在积极参与的同时，也承担组织职责。这不仅可以提高所有学生的参与度和运动水平，还可以促进学生提高自我管理和组织能力，为他们未来参加社会体育活动打下坚实的基础。

6. 奖励办法

要避免在校运会中奖励与名次和金钱直接相关联，基于竞争和参与同样重要的观念，可以采用奖励体系，该体系包括各种奖项，例如鼓励奖、参与奖、表现奖和组织奖等；同时也需要更加注重团队奖励的方法，以促进团队成员之间的合作精神。

综上所述，为了策划一场主题清晰、内容充实、富有趣味、组织有序且能够取得显著成效的学校体育文化盛会，体育文化节的内容、形式、参与方式和奖励方式应在激发学生运动兴趣、提高参与度、培养情感等方面进行设计。每名学生都应享有平等参与体育活动的权利和机会。该活动为大学里的所有教职员工和学生提供了一个广泛展示自身运动才能和实现个人价值的重要机会，同时也是创造校园运动文化和提高校园文化生活多样性的重要手段。

举办体育文化节，代替传统的校园运动会，是有效贯彻全民健身计划，进一步推进素质教育普及的重要途径。校园运动会的开展应遵循体育的本质规律，以运用体育为主导，以培养人才为目标，整合全校师生资源，在一定阶段中开展广泛的教育活动，包括校内外、课内外和社会结合的多种活动。此活动旨在满足时代及社会需要，同时也能满足学生身心发展及自我提高的需求，各学科互相渗透、有机结合。体育文化节是一种新兴体育活动，要让它成为受到学校师生欢迎的活动，需要通过实践来不断探索、丰富和完善其内容、形式、运作方式以及内在规律。

第三节　国内外高校校园体育文化环境建设的比较

受历史、民族、地域等各方面因素的影响，国内外在学校体育教育上存在着明显的差异性，这种差别主要体现在校园体育物质文化、体育精神文化、体育制度文化以及体育行为文化等方面。下面以国外大学为例，对国内外校园体育文化环境的建设进行对比与分析，以为我国的校园体育文化建设提供一定的借鉴。

一、教育传统影响下国内外高校体育观的对比

在教育传统文化氛围方面，我国与国外的校园体育文化差异体现得较为明显，这种差异主要是民族、传统、历史等方面的差异导致的。下面就分别对我国和国外高校的教育传统及体育观进行分析和阐述。

（一）国外高校的教育传统及体育观

国外高校的教育传统主要体现在以下几个方面：第一，主张教育个性化，重视个人价值的实现以及创造能力的培养；第二，主张教育民主化，提倡个人能力的发展和创造性的发挥；第三，主张教育法制化，教育制度和法规都比较齐全；第四，十分强调竞争和利益；第五，重视学生的行为素质、学习态度和运动技能的发展。

受上述教育传统的影响，国外大学体育呈现出以下特点：第一，重视人体运动和肌肉的健美，追求完美的形体条件；第二，注重身体素质的训练，获得精神充实感；第三，对知行分析较为重视，追求体育运动的科学性、规范性分析。一般来说，竞技运动的特点在于培养学生的竞争意识及顽强拼搏的意志，这与外国人的价值观念体系是相符的。这也

是国外大学教育的重要价值所在。

（二）中国高校的教育传统及体育观

我国历史悠久，有着深厚而丰富的传统文化，从实质上来说，中国教育传统就是一种深层的文化机制，这种文化机制能有效促进自我满足、自我平衡的实现，这不仅有利于完善人的精神品质，养成良好的道德，还有利于维护社会秩序和世界和平。

高校校园体育文化的发展与我国传统文化的联系非常密切，传统文化对中国高校校园体育文化具有正反两面影响：一方面，传统文化在中国高校校园体育文化中表现为显著的韧性、统一性特点，这种影响可以说是积极的影响；另一方面，强调智育，忽略体育，强调体育的政治价值忽略了学生的内在需求，这种影响是消极的影响。

虽然大学体育是从西方传入中国的，但是，受中国传统文化的影响，西方大学体育影响中国大学体育仅仅是在外形方面，如形式、内容、组织体系等，其精神内核还是具有鲜明的中国特色。

综上所述，国内外大学体育教育在民族文化心理和价值观念等方面都存在着明显差异性。受历史方面因素的影响，我国大学中的体育文化形式主要参考西方体育文化，民族传统体育教育的发展受到了一定的限制和制约，参与主体的民族文化心理和价值观念受到忽略。但是中国传统文化不仅具有一定的独特性，而且也有融合性的特点，中国高校校园体育文化的建设和发展应借鉴西方国家高校的优秀经验，在未来的发展过程中，合理融合我国的和西方的文化和价值结构，为我国高校体育文化的发展构建新的发展观念。

二、国内外高校校园体育文化管理的对比

在高校教育管理体制方面，中国和国外也是有所差别的，这也导致

校园体育文化管理上也存在一定的差异性。下面就对我国和国外大学的管理体制和校园体育文化管理进行对比分析。

（一）国外高校的管理体制及校园体育文化管理

与中国不同，国外高校采用的主要是大学自治，教授治校（或校董事会治校）的管理体制。也就是说，国外高校管理学生的方式是以学生组织为主体的，学校的体育行政部门作为辅助机构协助主体开展校园体育文化活动。受这一管理体制的影响，国外高校校园体育文化建设在大学精神传统的指导下开展各项活动。总体来看，发达国家大学普遍都非常重视体育场馆设施建设、媒体宣传体系的建设、体育俱乐部和选修课程体系的建设等，每年都会在以上几个方面投入很大的物力与财力资源。

竞技体育在国外高校体育文化中占据着主导地位，这与国外的价值观念体系是相符的。竞技运动在国外的影响力十分巨大。一般国外大规模的综合性大学会有 2～3 个体育馆，可供 3 万～8 万人使用，还会针对不同的项目有不同的场馆，比如游泳馆、田径馆等，受到学生以及人们的欢迎和喜爱，这就构建了一个十分浓厚的校园体育文化环境，对于校园体育文化的建设具有重要的作用。

（二）中国高校的管理体制及校园体育文化管理

当前，我国高校主要采取的是党委领导的校长负责制的管理体制。在这样的背景下，我国高校校园体育文化管理采用的便是行政化管理模式。

近些年来，受高校扩招的影响，我国大学校园的体育基础设施得到了一定程度的完善，为学生的体育学习打下了良好的基础。但是，体育教育的制度文化和观念文化建设却没有获得同步发展，其原因在于，有很多领导或教师并没有对校园体育文化建设给予足够的重视，片面地认为校园体育文化建设仅仅是学生体育社团活动或课外体育活动等。

在我国高校的校园文化建设方面，体育文化建设的效果一直不太理想，这主要是受学校教师和学生以及管理人员的观念所影响的。另外，中国大学的行政化管理模式又使得大多数大学在进行体育文化建设时，往往只重视眼前利益，不能用长远的眼光看问题，导致中国高校校园体育文化的建设与发展受到诸多限制，难以获得较快的发展和进步。

三、国内外高校校园体育文化价值观的对比

（一）学校层面的校园体育文化价值观

表 2-3-1 为中外大学体育价值观比较表，从表中可以看出中外高校校园体育文化的价值观存在着较大的差别。

表 2-3-1　中外大学体育价值观比较

大学名称	综合价值
哈佛大学	个人荣誉和学校荣誉
耶鲁大学	培养人才（体制和精神），增强大学凝聚力和吸引力
清华大学	锻炼身体和国家利益
北京大学	培养能力和国家利益

1. 国外高校的校园体育文化价值观

在国外，大学更加强调物质和精神方面的平衡，而且认为大学体育有助于促进综合价值的提高。耶鲁大学实行"综合培养"来实现学生的身体健康和精神提升的双重目标。哈佛大学通过提供个人荣誉机制实现了身体锻炼和精神培养的有机融合。哈佛大学的学校名誉也在很大程度上受到个人荣誉的影响，学校的荣誉就是众多学生个人荣誉的集合。

2. 中国高校校园体育文化的价值观

北京大学和清华大学在体育方面的价值观具有较强的倾向性。清华

大学自始至终将为祖国的健康事业做贡献作为指导思想，近 50 年来，更加强调物质层面的重要性。而北京大学更加重视学生的全面发展，强调将科学技术与人文知识相融合，注重学生的身心健康、精神修养和价值观、能力的提高。但是，二者都非常注重国家利益方面发挥的价值功能。

（二）学生层面的校园体育文化价值观

对大学生的体育价值观进行分析，不仅能反映大学生的体育价值观念、社会价值观念和大学教育观念，还能在一定程度上映射出高校校园体育文化的价值观。下面对比分析中外大学生的体育文化价值观的不同。

1. 国外大学生的校园体育文化价值观

国外的大学生在商品经济和自由竞争的社会背景下，在体育运动中更注重获得胜利，其体育价值观表现为外在统一和自由竞争，强调价值取向，在体育运动中强调人的形体美的塑造，崇尚人体的力量美学，注重个体生命价值的实现。西方的传统体育文化注重个体主观能动性的发挥以及个体之间的自由竞争，强调审美意识、娱乐意识的培养。

2. 中国大学生的校园体育文化价值观

我国的传统观念对大学生的价值观和信仰产生了深刻的影响，中国人的生活哲学受传统文化的影响很大，崇尚克制、平衡和内在修炼，强调中庸之道等观念，在中国的大学生群体中，体育的价值观主要体现在个人内在的感受和与自然的和谐，推崇理想化的个人形象刻画，注重锻炼个人的内在气质。在体育实践中，注重运用身体锻炼来表达个人内心情感，借助身体活动提高人格和精神水平。在这种思想的影响下，人们对激烈的竞技体育运动越来越持反对态度，更倾向于选择强度较小、对抗性较弱的运动类型，这种趋势在限制体育竞技水平和欣赏水平方面产生了影响，阻碍了我国高校校园体育文化向更深层次的发展。

通过以上分析，可以得出结论：中外大学生的体育价值观存在明显的差异，这种差异主要受到不同国家的传统文化和教育体系的影响。在当今全球互联的时代背景下，各国高校应该在保留传统体育价值观的同时，及时学习最新的价值理念，以确立符合时代发展需要的校园体育文化价值观。

四、国内外高校校园体育物质文化的对比

我们可以从体育标识、体育人物、体育建筑设计三个方面来分析中外高校校园体育物质文化的异同。

（一）国内外高校的体育标识

在高校校园中，旗帜、徽章、吉祥物等都属于大学体育标识，一所大学体育运动的整体形象往往能够从这些体育标识中得到充分的体现。表 2-3-2 为中外大学体育标识比较表。

表 2-3-2　中外高校体育标识比较表

大学名称	体育标准色	体育昵称	体育吉祥物	学校标准色
哈佛大学	深红色	Crimson	无	深红色
耶鲁大学	蓝色	Bulldog	Bulldog	蓝色
哥伦比亚大学	浅蓝色	Roar-ee	Lions	浅蓝色
清华大学	紫色	无	无	紫色
北京大学	无	无	无	蓝色

1. 国外高校的体育标识

一般而言，国外的高校会将体育和学校标志巧妙地结合在一起。例如，哈佛大学、耶鲁大学、哥伦比亚大学等高校都采用与学校标准色一致的体育标准色，并在体育场馆、体育设备、学校体育网站等领域加以运用。采用规范的体育术语和吉祥物，有助于提高大学体育运动的推广与宣传力度，同时也能够增强学生和参赛者的凝聚力。

2. 中国高校的体育标识

从表 2-3-2 可以看出，我国的清华大学和北京大学都没有体育昵称和体育吉祥物，且只有清华大学具备体育标准色。尽管清华大学的体育标准色与学校标准色是一致的，但这种一致性实际上仅在运动服装和校旗颜色方面有所展现，而在其他方面的呈现则相对不够充分。可以看出，我国的两所大学尚未确定独立的体育标准颜色，在物质文化建设，例如体育名称和吉祥物等方面，也未有足够的重视。这一点需要中国大学借鉴国外大学的经验，并结合自身实际重点凸显出自身鲜明特色。

（二）国内外高校的体育人物

在竞技体育运动中，体育明星的引领和带动作用是非常显著的，这在校园体育中也同样适用。

1. 国外高校的体育人物

在国外高校校园中，体育明星或者杰出体育人物的影响力是非常巨大的。据调查，美国的哈佛大学、耶鲁大学、哥伦比亚大学都非常认同体育杰出人物的带动作用，他们是大学校园文化发扬光大的重要载体，也是校园体育文化建设的重要推动者。

2. 中国高校的体育人物

与国外高校相比，中国高校对体育人物普遍不够重视，体育人物的带头作用没有得到充分的发挥。比如，清华大学、北京大学通过官方媒体宣传运动员或教练员的次数就非常少。北京大学没有特别突出的榜样人物，不过，清华大学曾将马约翰先生作为该校的体育人物，这在一定程度上体现出了体育人物的无形力量。这一做法应得到我国更多学校的大力提倡。

（三）国内外高校的体育建筑设计

体育建筑设计是提升校园体育物质文化内涵的重要方式。中外大学的体育建筑设计呈现出不同的风格。

1. 国外高校的体育建筑设计特点

国外高校的体育场馆相对较多，且功能比较齐全，能基本满足在校师生以及周边社区居民的体育需求。不论是大的体育场馆还是小的体育场馆，国外大学的体育建筑设计都比较专业，这主要体现在体育场馆的外形特点、内部构造和功能用途上。总体来看，体育场馆的外形特点与大学文化的内涵基本相符，内部构造比较注重空间利用的合理性，功能用途上尽可能地考虑周全，以满足大学生的体育教育与运动训练的需求。

2. 中国高校的体育建筑设计特点

与国外相比，中国高校体育场馆的建设普遍欠缺设计感，设计的基本理念是满足体育教学和训练的需要，然后加入一些辅助性的功能，这显得体育场馆的功能并不是那么齐全，只能满足一两个运动项目以及少部分学生的体育需求。当然，这与校园体育文化建设的资金投入有着密切的关系，受资金所限，中国大学校园的体育建筑设计面临着种种难题。

五、国内外高校校园体育课程体系的对比

（一）高校体育课程内容不同

在高校体育教育中，中外两国大学体育课程在内容方面存在着一定的差别，与我国相比，国外大学的文化性、健身性、民族性和世界性要更强一些。

国外大学的课程内容非常丰富，能为学生提供广阔的选择空间，另外，上课的时间和内容也比较自由灵活，便于学生作出选择。而我国大学中，仅有少部分大学会在大学一、二年级设定体育必修课程，在大学三、四年级设定体育选修课程，上课内容主要由体育教师决定，以竞技运动项目为主，民族传统体育、休闲体育运动项目，以及极限运动项目

等涉及的较少。总的来说，国外大学体育课程内容呈现以下特点：第一，重视学生的生活教育、情感教育和保健教育，重视学生终身体育意识的培养；第二，重视学生的个性化发展，尽最大可能满足学生的体育需求；第三，注重课程内容的世界性和跨文化性，体育课程内容中包含着很多民族和国家的传统体育项目，如武术、太极、空手道、跆拳道等。

与国外相比，我国大学体育课程的内容主要呈现出以下特点：第一，重视学生体育技能的提高和终身体育意识的培养，但教育性过强，而健身性和休闲娱乐性则较为欠缺；第二，受体育师资力量和上课时间的制约，学生的个性化发展不足，学生的体育学习需求没有得到较好的满足；第三，我国大学体育课程内容的世界性和跨文化性较差，体育课程内容欠缺丰富性。

（二）高校体育课程基础理论知识和运动技能不同

1. 国外高校课程基础理论知识和运动技能

国外高校体育课程的基础理论知识主要包括运动项目知识、体适能和运动处方指导等内容，主要通过体育实践课讲授的方式进行，还会定期举办各种体育专题讲座。这两种途径能保证学生获得基本的体育基础知识。

在运动技能方面，国外大学主要划分为 4 级课程水平，不同课程水平侧重点不同。如水平 I 将体育基本技能和健康锻炼常识作为重点；水平 II 则将运动技能分析、运动项目专业知识作为重点，每一级的侧重点不同，对学生提出的学习要求也不同。

2. 中国高校课程基础理论知识和运动技能

在基础理论知识方面，中国大学体育课程中主要是关于健康知识和运动专项方面的知识，很少涉及运动处方和体适能的内容；体育实践课中涉及理论知识的讲解也是非常少的。

在运动技能方面，有些学校也实行了体育课程的水平分级，但是贯彻执行起来比较困难，往往只重视学生运动技能的提高，却忽略学生综合能力的培养和提高，制定的教学策略难免流于形式主义。

六、国内外高校校园竞技运动文化的对比

受历史、教育传统等各方面因素的影响，中外高校校园竞技运动文化之间也体现出明显的差异性。

（一）国外高校校园竞技运动文化

受历史及教育传统的影响，竞技运动的出现在国外高校校园体育文化建设中起着重要的核心作用。具体来说，主要表现在两个方面：

一方面，高校校园竞技运动能充分发挥自身的作用，以此来影响校内体育竞赛、体育俱乐部、体育课程教学等多个方面。通过以上几种形式的体育活动能有效起到激发校园体育精神文化的作用，进一步影响大学生的体育价值观念、体育精神和体育行为。除此之外，其还能有效激发大学生参与体育锻炼的积极性，这对于提升大学生的体育文化素养具有重要的作用。

另一方面，基于西方传统价值观念，国外大学校园体育文化的指导理念为顽强拼搏、公平竞争和健康审美，竞技运动是校园体育文化建设的核心，在各级校园中都受到高度重视。在国外，很多职业运动员或体育明星都来自大学校园，大学校园成为高水平体育人才的培养基地。目前，国外大学校园已建立了一个比较健全和完善的体育竞赛管理体系，并与国外高水平职业体育联赛和竞技体育赛事有机衔接在一起，极大地促进了国外竞技体育运动的发展。

（二）中国高校校园竞技运动文化

很长一段时间以来，竞技运动在我国大学校园中没有受到应有的重

视，没有充分发挥出对高水平运动员培养的作用。这是因为竞技运动在我国发展的历史相对较短，其理念和精神与中国传统文化和传统体育价值观存在矛盾之处。此外，竞技运动的竞赛体系与中国顶尖的职业联赛和高水平竞技运动赛事不是相互连接的，这妨碍了其在大学校园体育文化建设中作用的发挥。

七、国内外高校校园课余体育活动的对比

通常来说，高校校园课余体育活动包括的内容主要有校内体育竞赛、体育俱乐部（体育社团）、集体训练和个体健身活动等内容。下面就这几个方面分析中外高校校园课余体育之间的差别。

（一）国外高校校园课余体育

国外高校校园的课余体育活动主要包括校内体育竞赛和体育俱乐部活动两个部分。大学体育部和体育俱乐部是国外大学校园体育活动的主要管理机构。体育部直接对体育俱乐部实施管理，其主要职责是制定规章制度，进行绩效考核。体育俱乐部的主要职责则是组织各种体育活动。国外大学校园中的体育俱乐部数量非常之多，学生可以根据自己的爱好自由选择适合自己的体育俱乐部。

国外高校校园中的各大健身中心为大学师生员工、校友以及与学校关系密切的校外人群提供的健身管理、指导和服务，就是所谓的集体训练和个体健身活动。需要强调的是，这种服务是有偿的，需要交纳会员费，因此，参与这种健身活动的人数相对较少。

（二）中国高校校园课余体育

总体来看，中国高校校园课余体育竞赛的主要内容是校内体育竞赛。体育竞赛主要依据事先制定的竞赛制度，由体育教师和体育社团共同组

织与管理，学生和教师共同承担裁判工作。

体育社团（协会）是中国高校校园体育文化活动的主要组织机构，学校团委对它进行管理，技术指导和场地器材支持则主要由体育部门负责。相较于国外，中国大学体育社团的数量较少。另外，中国大学体育社团管理也存在着较大的不足，主要表现为规范性、激励约束机制的欠缺，社团组织的体育文化活动较少，其应有的功能得不到充分的发挥。

一般情况下，集体训练和个体健身活动方面，往往都是自发的、无组织性的体育活动。大学为大学生提供的集体训练和个体健身的资源、机构的健全程度还相对较低，需要进一步提升。

八、国内外高校校园体育文化服务体系的对比

（一）国外高校校园体育文化服务体系

相较于中国，国外高校校园体育文化服务体系则较为成熟。国外大学与周围社区的体育联谊活动有着丰富的内容和多种多样的形式，比如，大学与社区居民、团体等经常举行友谊赛；国外大学的所有健身中心对社区居民有偿开放，为社会人群提供健身场所和专业的健身指导；社区居民可以与大学生一起参加学校的健身类课程、培训班、体育俱乐部等。由此可见，国外大学具有强烈的社会服务意识，这一点是值得中国大学学习和借鉴的。

（二）中国高校校园体育文化服务体系

与国外相比，中国对社会实施有偿开放的大学体育场馆非常少，开设健身俱乐部的大学也非常少，向大学师生和社会人群提供有偿健身服务就少之又少了。由此可见，中国大学的社会服务意识还没有形成，社会体育服务体系的建立就更无从谈起了。

九、国内外高校校园体育宣传体系的对比

高校校园体育文化的建设和发展，与之相应的宣传体系有着不可分割的密切联系。通过宣传，高校能够使更多的学生了解高校校园体育文化，同时也能够使大学的知名度和声望得到有效提升。当前，高校校园体育文化的宣传方式已经发生了非常大的变化，传统的宣传方式已经与当前的社会发展不相适应了，而应用最为普遍的当属信息网络。

（一）国外高校校园体育的网络宣传

综合来看，国外高校对于体育网络资源的依赖性更强，国外各大高校体育网站涉及的内容非常之多，在学校体育网站中不仅能检索大学体育目标、内容、活动的相关信息，而且还能察看学生的聘用、损伤处理和健康保险、场地设施、球迷服务、部门信息、规章制度等，由此，学生能够更加全面地了解和认识学校体育的情况，这对于校园体育文化的进一步发展也会起到积极的推动作用。

（二）中国高校校园体育的网络宣传

与国外相比，在将网络资源较好地应用于校园体育中的，只有北京大学、上海交通大学、东南大学等有限的几所大学，对于大部分的大学来说，尽管建立了体育教学部网站，但是，往往只是一种摆设，并没有将其应有的作用充分发挥出来。因此可以说，中国大学依靠信息网络进行管理和宣传的意识还没有形成。因此，中国大学在校园体育网络资源开发与利用方面应投入更高的重视，付出更多的努力。

第四节　高校校园体育文化环境建设的策略

根据目前我国高校校园体育文化建设的情况来看，我国的高校校园体育文化建设还有待完善，在建设过程中还存在许多问题。要解决我国高校校园体育文化发展中的问题，就要加强采取措施的针对性，对症下药。

一、加强高校校园体育物质文化建设工作

物质文化，是指经过人们对自然物质的组织、改造及其利用而形成的文明现象。物质文化建设属于校园体育文化建设的重要内容，在整个校园体育文化体系建设中占据着至关重要的地位。

随着现代社会的不断发展，以及高校体育教育的需求，高校校园体育功能的多元化趋势越来越显著。高校体育教育的发展对于学校体育基础设施建设提出了更高的要求。当前我国高校体育基础设施，如体育馆、体育设施、体育器材等都有所欠缺，不能完全满足所有学生的体育学习需求，这就需要学校体育教育相关部门加大这方面的投入力度，做好体育场馆、体育设施等的物质文化建设。

随着现代学校设施功能不断发展升级，管理、使用、维护校园体育物质文化也面临新的挑战。为了充分发挥体育设施的作用和效益，必须加强维护和管理，确保始终处于良好的运行状态。

总的来说，要想加强校园物质文化建设，需要注意以下三个方面：第一，做好体育实施空间的合理规划；第二，充分整合校园体育物质文化资源以发挥其效用；第三，彰显校园体育设施的教育性，发挥其教育功能。

（一）做好体育设施空间的合理规划

校园体育文化建设中，体育场馆、雕塑艺术、运动场地规划等，都是文化领域的重要表现形式。除了是体育意识文化的表现之外，它们还承载了人们的思想、知识和智慧。运动设备不仅仅是展示人们的价值观、意愿和情感的工具，它们还能够激发和发掘人们的潜能，对个人产生积极的影响。

因此，高校要充分利用学校的空间开展校园体育文化活动，并且制定合理的体育场馆布局方案，针对不同地区的实际情况推动相应的校园体育文化活动，同时还要重视对校园体育基础设施的不断完善。在建设体育场馆时，要进行科学精细的安排和布置，要保证整齐洁净，以使体育场馆的设计达到使用功能和审美需求的和谐统一。

（二）充分整合高校体育物质资源

整合高校体育物质资源，实际上是指将短缺的资源进行合理的分配。学校已经具备的场馆以及器材是现有的资源，可用的、废弃的都包含其中，只是对待的方式不同。具体来说，对于可用的，要积极地利用起来；对于废弃的但经过添置配件或维修仍然可以继续使用的，要积极对其进行资源的再利用，并将节省出来的资金投到其他方面的体育建设上；对于废弃的要及时处理，以方便今后的管理；对于破旧的、有问题的体育场馆，要进行还原和重修，以使所有的体育资源都能得到合理而充分的利用。

随着现代教育的不断发展，高校体育教育也对学生提出了较高的要求，在这样的背景下，高校体育物质资源的短缺问题更加明显。鉴于此，学校相关部门及领导必须加大对学校体育基础设施建设的资金投入力度，做好体育基础设施建设，以充分满足学生的体育学习与运动锻炼需求。

（三）彰显体育设施的教育性

为了加强高校体育物质文化建设，对体育基础设施赋予一定的教育性是非常有必要的，这对于激发学生学习的兴趣，培养其主动参与体育锻炼的意识与喜好具有至关重要的作用。

一般来说，加强体育设施的教育性，可以采用以下途径与方法：

第一，在校园中设立一些体育雕塑，并在雕塑旁标明其个人简历及所获得的荣誉，为学生营造一个浓厚的体育文化氛围。

第二，在体育器材与设备旁边设立"说明牌"，简要说明活动项目的名称以及活动的方法与作用等，以便能让学生有目的地进行健身活动，从而促使其体育文化素质得到进一步发展和提高。

二、加强对高校校园体育意识文化的培养

一般来说，校园体育意识主要反映深层次的体育思想观念，是一种渗透于校园环境与学生群体之中的体育价值理念和价值取向，有利于校园体育文化氛围的形成。因此，加强校园体育意识文化的培养具有非常重要的意义和作用。

（一）有效转变领导的固有观念

在校园中，高校体育管理部门及领导一般都比较重视学校竞技体育运动队的成绩，从而对学生运动员的训练装备进行改进，但对于校运会以及体育文化节的组织筹办却关注不够，这种情况在我国很多学校都是普遍存在的。长此以往，校运会就会逐渐丧失其体育功能，不利于学校体育教育和全体学生的发展。

因此，高校体育相关部门及领导，应积极转变观念，并充分认识到校园体育文化的作用，而不是将该学校体育工作开展的情况定为衡量一

个学校的竞技成绩的唯一标准。

（二）着重培养体育教师的体育意识

高校体育教师对于校园体育文化的建设具有至关重要的作用，在校园体育文化的建设中扮演的是主导者的角色，其主导作用的发挥取决于是否对校园体育文化有着深入的了解。

但是，当前我国很多学校中的一些体育教师年轻且经验少；也有一些教师将校园体育的建设等同于对体育尖子的培养，进而对其他的学生不管不顾，在室内体育课上，学生通常进行自由活动；在户外体育课上，体育教师也只是简单地让学生进行几项活动，缺乏深入的教学。有些体育教师在策划校运会时，为了偷懒或减轻工作量，可能会粗制滥造，删减项目或压缩规模。以上情况表明，许多教师对于建设校园体育文化的认知尚不充分，缺乏相应的责任心，为了推动高校校园体育文化的传承和发展，必须提升体育教师对其重要性的认识。

在加强体育教师的体育意识和素养方面，重要的一点是让他们树立正确的教学观念，以更加积极有为的态度建设校园体育文化，并实施针对教师的体育工作监管措施，同时完善相应的工作规章制度。另外，体育教师也要勇于实践、善于创新，创造性地解决教学中遇到的各种难题。

（三）培养和提升学生的体育意识

学生在体育方面的精神和道德价值观的表现，是反映他们对校园体育意识文化的认同和实践的一种重要方式。为了增强学校的体育文化意识，高校可以运用多种宣传手段，如在校园广播和体育宣传栏中分享各类体育知识、介绍我国优秀运动员在国际赛事上的杰出表现以及展示学校体育健儿在各级比赛中的积极拼搏和奋斗精神。通过展示精彩的运动照片，激发学生对国家和学校运动健儿的热爱之情，从而激发他们提高身体素质的决心。学校可以通过推广体育知识的方式，如在体育网页上发布信息、组织讲座以及展示黑板报等，来提高学生们的体育兴趣和对体育运动的关注。

除此之外，唤起学生对体育的热情也是提升他们体育素养的关键方式。让学生积极参与体育运动竞赛是最直接、最有效的途径之一，能够真正激发他们的兴趣。然而，由于参与体育比赛的名额有限，单纯的比赛无法激发所有学生对体育的兴趣。因此，增强学生对比赛的观察能力也成为至关重要的任务。

在高校体育教育领域，可以采取多种方式提高学生观赛的能力。其中，教师可以在课堂上辅导学生相关知识、开展专题讲座，也可以鼓励同学之间进行交流。通过使用这些方法，学生可以学习体育项目的基本规则、技术特点、历史演变以及了解成功的运动员，从而培养对体育的兴趣，提高个人素质和情操境界。

三、加强高校校园体育制度文化建设工作

高校校园体育文化要想得到健康发展，少不了相关政策与制度的支持。因此，加强学校体育管理体制的建设，营造一个良好的高校校园体育制度文化环境对于校园体育文化的传播与发展具有至关重要的作用。

（一）建立负责制度建设的专门性机构

在高校中，体育教学部是负责学校体育文化活动组织管理工作的主要部门。因此，建立由体育教学部统筹管理的校园体育文化建设专门机构，有利于在整合、优化学校各部门的体育资源的同时，保证校园体育文化建设工作的顺利进行。

（二）加强体育文化活动管理工作

在开展学校体育工作的过程中，体育教学部首先要在明确群体工作

的范围、内容的基础上，确立群体工作的具体管理部门，并设立群体工作的专门管理机构和学校校园体育文化活动的专门宣传机构。此外，学校的体育教师由于没有群体工作量的要求，参与群体工作的积极性不高，因此，还要从体制环节规范体育教师的群体工作，制定科学且完善的管理规章制度。这对于保障校园体育文化建设工作的顺利进行具有重要的作用。

（三）重视特色校园体育文化的建设

在建设有特色的校园体育文化的过程中，受地域、环境、气候、师资力量等因素的影响，校园体育文化建设的具体思路也应有所不同。各个学校要结合自身的具体实际去丰富和完善校园体育文化内容，形成自己鲜明的特色文化。

四、加强高校校园体育文化外延的建设

高校校园体育文化在形成与发展的过程中总是潜移默化地受到家庭和社会的影响。因此，在建设校园体育文化时，要将学校、家庭和社会三者统一起来，只有各方面共同努力才能营造一个良好的校园体育文化氛围与环境。

（一）加强学校图书馆建设

体育教学资源是校园体育文化建设的重要辅助手段，高校体育的发展需要充实的资料作为基础，而图书馆就是重要的资料来源。因此，加强学校图书馆建设至关重要。学生在平时的学习中，图书馆中的相关书籍就成为学生解决问题最有效和最直接的方法。但是，目前来看，我国一部分高校的图书馆资料较为欠缺，且现有的图书资料较为陈旧，难以满足学生的学习需求。这就在一定程度上制约了学生的发展，对于校园

体育文化的建设与发展也非常不利。因此，学校相关部门及领导要高度重视。

（二）培养家庭体育文化意识

大量的事实表明，家庭教育对于学生的发展具有非常重要的意义。学生的成长与发展离不开家庭环境，家庭环境是学生最初的学习环境，学生的家庭生活对于其价值观的形成有着重要的影响，而学生体育价值观的形成也是如此。因此，培养家庭体育文化意识、加强家庭体育教育是促进校园体育文化建设的重要辅助手段。

1. 营造良好的家庭体育文化氛围

良好的家庭体育文化氛围不仅有利于家庭的和睦，还能在一定程度上促进学生体育爱好的形成。但需要注意的是，尽管很多家长都支持学生参加体育锻炼，也为学生购买了体育健身器材，但他们普遍对学生体育锻炼的督促和协助不够，同时也没有给学生起到良好的示范作用。因此，为了给孩子树立一个良好的榜样，家长自身也应积极参加体育锻炼，努力营造一个良好的家庭体育文化氛围，在这样的环境下，学生更容易建立自觉参与体育锻炼的意识，养成终身体育运动锻炼的习惯。

2. 加强家庭成员体育文化意识的培养

加强家庭成员的体育文化意识的培养对于学生体育价值观的形成与发展具有重要的意义。但是，目前迫于升学的压力，大部分家长只重视学生文化课成绩的好坏，而忽略了孩子的日常体育锻炼。因此，在平时的家庭生活中，必须要加强培养家庭成员尤其是家长的体育文化意识，家长也要加强与学校的积极互动，积极沟通与交流，为学生营造一个良好的家庭体育文化氛围。

（三）加强社区体育文化建设

社区是指"进行一定的社会活动，具有某种互动关系和共同文化维系力的人类群体及其活动区域”①。社区是我国城市建设的重要内容，也是社会的一个重要单位。学生是家庭的成员之一，同时也是社区的一员，在平时的生活中也会受到社区体育文化的熏陶，因此加强社区体育文化的建设对于学生而言也具有重要的作用。

1. 尽可能地为学生创造良好的锻炼平台

随着全民健身理念的日益深入，参加社区体育运动的人也越来越多，目前已形成了浓厚的社区体育健身氛围。社区体育健身的内容有很多，这进一步丰富了大学生体育锻炼的内容，也为大学生参与社区体育健身营造了广阔的空间。

2. 给予高校校园体育文化建设大力支持

高校在组织学生参加体育活动时，可以充分利用社区的一些条件，将学校的体育文化建设扩展到社区中，从而进一步扩大学生的体育活动空间。因此，在平时的教学中，体育教师也要鼓励学生积极参与到社区体育活动中，给予大力的支持。与此同时，社区体育活动也可以走进校园之中，与学校体育相融合与发展，进一步营造校园体育文化环境与氛围，促进高校校园体育文化的建设。

---

① 章罗庚. 校园体育文化导论［M］. 长沙：湖南大学出版社，2009.

第三章　高校校园体育
健身文化建设

　　随着全民健身运动的推广、开展，人们的体育健身意识得到不断增强，而校园体育作为全民健身运动得以顺利开展的重要途径和保障，对在校园中建设体育健身文化有着非常重要的作用。本章为高校校园体育健身文化建设，主要介绍了三个方面的内容，依次是高校校园体育健身文化形成的背景及特征、高校校园体育健身文化建设现状、高校校园体育健身文化建设路径探索。

第一节　高校校园体育健身文化形成的背景及特征

一、校园体育健身文化形成的背景

（一）西方体育健身文化给我国带来的重要影响

　　美国的肌肉健身文化源于欧洲的健美健身运动。雅典，这座历史悠久的欧洲文化之城，自古以来就非常推崇健美的力士身材，这种健身风潮曾经在皇室贵族和上层社会非常流行。自从尤金·山道创立国际健美运动以来，乔·韦德和本·韦德兄弟成为现代国际健美界的代表人物，阿诺德·施瓦辛格等知名运动员更是在影视媒体方面积极宣传、推广，为现代美式健身文化形成和发展作出了贡献，孕育了千亿级朝阳健身产业，创造了大量就业机会，有力促进了百姓的生活水平提升，并成为美国经济高速增长的助推器。

在过去的20多年里，美国凭借其强大的经济实力和先进的科学技术，成功地创造并推广了众多的文化产品，在全球范围内受到广泛欢迎。美国大众文化的影响无所不在，不管是牛仔服，还是可口可乐、NBA 比赛或好莱坞大片等，这些文化符号已经传播至世界各地。Powerhouse（宝力豪）健身房是 1973 年在密歇根的底特律成立的，如今已发展为拥有遍布全球的 300 多家分店的品牌。全球的健美迷们都很关注每年在美国举办的"奥林匹亚健美大赛"。

（二）人们审美能力和健身观念的提高和转变

广告行业的繁荣促进了市场经济下对于人们健身和塑形的宣传。如今，健美文化逐渐盛行，已经渗透到大众文化中，体现了人们对人体美学的追求。随着制造商、广告商以及各种媒体的大力宣传，健身文化逐渐成为一种日常的审美观念和标准的体现。

然而，目前中国人的健身观念和审美能力并没有完全达到国际水平，这一点主要是受到文化差异的影响。随着经济繁荣和文化交流的日益频繁，中国的健身理念与国际标准的距离会逐渐拉近。

20 世纪 90 年代到 21 世纪初，那些身材硕大、肌肉突出的外籍健美比赛选手常常在电视上亮相，对于中国观众而言，他们的形象是令人感到奇怪的、不协调的。而近些年来，许多中国年轻男性不断被史泰龙（《第一滴血》电影主角）和阿诺·施瓦辛格（健美冠军、电影明星）的健硕肌肉和完美身形所吸引，身材健美成为男性所追求的目标，高校学生宿舍里也经常出现这些"肌肉男"的画像，这体现了学生们对健美肌肉的崇拜。当前，全国许多高校都设有健身房，前往健身房已经成为一种消费潮流。由此，健身逐渐演化成为一种文化现象，许多学生以自己的兴趣为基础，选择不同的健身项目以锻炼身体、塑造自身体型、增强运动机能。今天的大多数人都渴望拥有健康性感的完美身材，而要拥有理想的身材，最有效的方法就是进行健身训练。

（三）阳光体育所倡导的理念和校园健身文化融为一体

阳光体育运动的核心是"终身锻炼"的信念，坚持每日锻炼一小时，强调健康生活的理念，以此表达对幸福生活的追求。这项体育运动注重学生的兴趣、爱好和个性发展，鼓励他们自愿积极参与体育锻炼，最终将健身文化推广到校园中，强化校园健身文化，全面提升学生的身体素质和运动技能水平。这一活动可以鼓励每个学生充分参与运动，自觉地提高自己的身体素质。阳光体育运动是一种教育策略，通过体育强制性活动，使学生自觉地参与体育锻炼，将体育运动视为一种终身习惯和生活方式，以此促进学生身心健康的培养。

二、高校校园体育健身文化的特征

（一）健身性

通过参与健身运动，人们可以最直观地体验健身文化的丰富内涵。体育健身的根本目的是提高身体素质。通过实践可以得知，运动具有提升身体素质的功效，在力量、速度、敏捷性、柔韧性和耐力等方面都表现出促进作用。参与各类运动项目使得身体在适应环境的进程中迅速作出调整，同时增强身心健康，提高身体素质。

（二）娱乐性

健身运动不仅仅局限于竞技和娱乐，它还代表着一种积极向上的生活方式。要在比赛中获得优势和最终的胜利，运动员需要经过艰苦的训练，积累充足的经验和智慧，这需要他们付出大量的努力和汗水。健身运动是一项积极、健康向上的娱乐活动，能够让人们体验到运动的快乐。体育活动有娱乐性质，根据参与方式的不同可以被分为运动性娱乐活动和观赏性娱乐活动。所有体育运动都以"更快、更高、更强"为目标，但仅有健身运动以"更美"为追求，其美丽之处需要在体育活动中展现出来，这也使健身运动在观赏性和娱乐性方面具有其他体育活动所不具有的吸引力和优势。

（三）时尚性

随着学业压力的增加，越来越多的学生开始积极投身于健身活动，把"花钱换健康"视为一种消费理念，这种"健康投资"已逐渐成为现代社会的一股浪潮。在宿舍内，哑铃（图 3-1-1）和臂力器（图 3-1-2）是价钱实惠且广受欢迎的器材。

图 3-1-1　哑铃

图 3-1-2　臂力器

（四）教育性

健身可以视为教育系统的一部分，在某种程度上扮演着重要角色。体育作为一种教育手段，通过运动来锻炼和培养学生的身心素质。除了作为一种文化生活方式外，健身还是民众进行自我教育和娱乐的一项活动。体育锻炼旨在促进人的全面发展，将教育植入身体训练的过程中。作为社会总体教育的一部分，它能够帮助每个人通过身体锻炼来完善身体素质，提高适应环境的能力。随着人类历史不断发展，文化逐渐成形。随着人们对文化价值的认识不断深入，越来越多的人开始关注和研究健身文化对身心健康的熏陶作用。健身运动通过持续探索人类潜力和极限，能够完善个人品格，使人们得以脱离"自然"状态而进入"文化"领域，并实现"现实"生活向"理想"人生的转变。

第二节　高校校园体育健身文化建设现状

一、健身文化期望值比较低

研究表明，普通高校学生并不是十分热衷于校园体育健身文化，并且这种态度对他们的体育健身行为和参与产生了直接的影响。校园健身文化的发展，因大学生的消极态度受到了限制。大学校园里的学生对于参与健身运动缺乏积极性，很多人对于健身活动持冷漠态度，只有极少数人能够坚持参与健身运动。此外，随着社会的进步，计算机等电子产品已经成了大学生日常生活中不可或缺的一部分，他们的闲暇时间主要用于使用这些电子产品。随着娱乐活动方式的增多，大学生对于体育运动和健身文化的预期值出现了变化。这种变化也影响了他们对健身的热情和态度，使大学生们的健身价值观受到了影响。受到校内设备设施不足、学生的消极态度以及来自同学的嘲讽等不良环境因素的影响，导致大学生对于校园健身的需求量减少。这是一个严重妨碍健身文化在高校中蓬勃发展的问题，需要引起重视。

二、健身文化氛围不浓

我国普通高校学生对于体育健身的态度和行为表现受到周围体育健身文化氛围的影响，这可能导致他们在体育健身态度和健身方式上存在一些限制。

目前我国许多高校尚未建立独具特色的校园体育健身文化与传统健身项目，且缺少创新形式的健身活动。这一问题会影响大学生形成健康的体育观念和提升体育锻炼素养，打消他们在校内参加大规模体育锻炼活动的兴趣。在我国的大学中，没有设置具有校园特色的体育运动项目，无论是体育课程、课外体育活动还是竞技体育活动。校园运动健身氛围指大学生开展健身活动的环境和运动场所。在大学校园中形成良好的健身文化氛围，可以刺激大学生积极参与各种健身活动，对于他们的健身文化意识和健身文化素养的培养具有重要作用。在大学校园中推崇体育健身文化、营造良好的体育健身氛围，对于培养大学生正确的体育健身观念和行为以及养成健康的身体素养有着至关重要的意义。营造校园体育文化需要一个循序渐进的过程，对大学生的影响也是逐步加强的。这种文化影响特定的一届学生，而是对接下来的每一代学生都会产生深远的影响。为了促进校园健身的发展和实践，高校需要打造其独特的校园体育文化，通过各种方式打造具备特色的体育健身文化氛围，引导学生养成健康的体育健身习惯，并提高其体育文化素养水平。

三、健身文化发展水平不高

在高校诸多不良因素的影响下，例如体育项目的安排不合理、校园文化的塑造不完善、教育模式的落后以及领导对于体育事务的不重视等，高校学生的体育健身文化整体水平与群众体育健身相比要更加滞后。就客观条件而言，存在学校场地器材不足、校内运动文化不成熟以及对大学生积极行为缺乏引导和指导的情况；就主观条件而言，大学生自身对健身的兴趣也不是很高，因为他们认为健身只是众多娱乐方式之一，不能坚持健身。这些都是对大学生体育文化的发展水平造成影响的因素。此外，还存在一些涉及体育健康和物质文化领域的问题。因为场地和装备缺乏必要的维护和保养，场地和装备的功能性不能有效发挥，学生们进行体育锻炼的需求无法得到满足。此外，健身体系的制度方面还存在改进的空间。需要进一步完善与健身有关的条例、指导制度和场地器材维护保养制度等内容。此外，部分组织机构的职责不够明确，导致"谁都能管，却没人管"的现象，相关的规章制度、条例以及法律法规的执行力度也显得不足。学生缺乏遵守健身制度的意识，造成健身场所常常遭遇诸如设施毁坏、垃圾遍地等问题。在健身文化方面，高校缺乏浓厚的健身文化氛围，学生缺乏明确的健身观念，对健身的兴趣不高。大学生的生活环境与一般人不同，在体育健身文化方面的形成和发展较为缓慢，这对高校体育事业的发展和大学生身体健康的提高来说都是限制条件。我们需要整合社会和国家的力量，从多方面入手，为大学生的健康体育文化发展提供支持。我们要创造一个良好的健身环境，并激发大学生自我开展健身活动的热情和积极性。

体育的实践性要求我们积极传承和推广健身文化，并全面掌握相关的知识，这样才能将体育与我们的日常活动紧密结合。高校的运动文化在很大程度上取决于学校提供的锻炼场地、器材数量和体育设施质量，这些物质条件直接影响到校园健身文化的推广和发展。

第三节　高校校园体育健身文化建设路径探索

一、加强大学生校园健身管理和指导工作

目前，尽管许多大学生已经学习了相当多的健身知识，并且对参与健身活动感到一定兴趣，但他们的健身意识不够坚定，可能会被其他事物所吸引，导致实际行动上的投入不足。因此，为了鼓励大学生积极参与校园健身运动，需要加强领导层的引领作用，完善校园健身制度和评价标准，同时建立起一个统一的组织管理和指导机制。这项举措对于促进大学生积极参与校园体育健身活动具有重要意义。

要促进高校健身文化的发展，必须有一支实力雄厚的领导团队。另外，学校还可以成立学生健身委员会，负责统筹安排和监督校园内的各项健身活动。这样可以保证这些活动按计划有序进行。此外，高校该鼓励学生积极加入各种健身组织或俱乐部，并提供必要的支持和协助，以便他们能够持续开展健身活动。

校园健身文化的建立需要依据校园健身规章制度。只有建立完善的校园健身规定和绩效考核机制，才能推进大学生校园健身活动的规范化和科学化。将校园健身活动纳入法制化、规范化、科学化的管理模式。可以制定明确的规章制度，规定学校各部门在健身活动中的基本职责，将健身活动相关工作纳入每个部门每学期的工作计划，并编制相应的实施方案，使学生的健身活动开展得到有力保证。建立一套师生合作的检测机制，定期对学生参与校园健身活动的情况以及校园健身文化的普及效果进行评估。此外，还需不断吸收并借鉴最先进、最成功的文化成果，

以推进校园健身活动的健康发展。目前高校的体育课程评估方式仅限于技能测评、达标要求和期末考试等形式，为了更全面地了解学生参与校园健身活动的情况，可以探索改善评估高校体育课程的方法，采用更全面、综合的评价标准，覆盖学生参与健身活动的态度、表现、团队合作等多方面因素。

精心策划和有效指导大学生的健身活动。高校体育教师团队可以运用其专业知识和技能来协助学生制定适合自己身体素质、兴趣爱好、时间和地点等因素的健身计划，帮助他们实现个人健身目标，为他们推荐适合的项目、方式和方法，并辅导他们开展实践。可以建立线上与线下健身指导平台，为学生提供专业的个性化健身计划，聘请经验丰富的体育教练对学生的健身活动进行科学分析和指导，从而激发学生参与健身活动的兴趣和坚持锻炼的意愿，吸引更多人加入健身活动。

二、积极改善高校校园体育健身环境

当大学生认识到保持身体健康对身体有着至关重要的作用，并且充满了兴奋和热情时，通常会自觉地关注健身事宜。他们会利用学校提供的健身设施，以实现自己的健身目标。有关调查结果显示，虽然绝大部分学生希望在校园内进行体育锻炼，但校园内健身资源的不足，会直接影响学生进行体育锻炼的积极性。而现阶段，大学里的体育健身资源相对匮乏，无法满足学生对于体育健身的需求。假如学校提供的健身设施跟不上学生的健身需求，那么学生们就可能失去参与健身的积极性，从而影响他们的健身效果。因而，大学应该利用现有条件充分发掘自身体育健身资源，为学生们开展体育健身活动提供便利。

高校应加强高校的体育健身设施建设，例如拓宽运动场馆的范围、建立不同类型的小型健身场地、引入多样化的现代化器材等，以满足学生的各种需求。学校领导要认识到校园健身文化建设的重要性，对校园健身活动给予更多关注，并为体育健身设施的基本建设提供更多投资。可以在校园操场上设置各种健身器材，供学生自由选择使用。可以推出各种有趣的健身计划，例如攀岩、户外运动、野外生存等项目，激励学生参与锻炼并积极参与健身活动，这一方法不仅能够增强学生对参与锻炼的主动性，还有助于他们更自觉地设定健身目标。

在校园健身文化的建设和完善过程中，体育教师团队发挥着关键作用。学校体育教师应该不断提高自身的专业技能，确保自己具备足够的体育健身知识、技能和方法，以满足大学生在校园健身方面的需求；同时也要不断更新自己的知识结构，并注重知识的创新，持续推动大学体育教学计划的改革。在符合国家的课程安排的前提下，体育教师队伍应该积极开拓新颖的、有趣的体育教育内容，以提高课程的趣味性。应该开设一门体育健身方面的公共选修课，将健身作为主要教学内容，向学生传授关于体育健身领域的知识和技能，使学生的健身技能不断得以改进和发展。同时，还需要制定以本校情况为基础的健身教育教材，以适应校内教育的需求，逐步塑造和完善学校在健身教育方面的特色课程和教学体系。此外，大学生常常通过参加校内的体育课程和课外活动来开展健身活动，在"三课两操"时间段内，可以策划多种多样的健身活动游戏、健身体操和健身舞蹈等，这不仅能够帮助学生培养良好的健身习惯、学会如何进行健身，同时还有助于扩充他们的体育文化知识。

三、努力营造良好的高校校园健身文化氛围

（一）健身文化活动要丰富多样

在校园健身文化中，富有多样性的体育锻炼活动扮演着重要角色。推广"校园健身文化系列活动"有助于在学校中将文化与健康有机结合起来，从而实现更有效的校园健身文化推广。这一方法可以使大学生亲

身体验到健康和运动文化的乐趣，让他们塑造正确的健身观念，了解健身文化，学习正确的健身方式，形成良好的健身习惯。

（二）定期举办校园"健身节"

"健身节"的目的在于为学生提供多元化、富有趣味的运动项目，让他们在锻炼身体的同时感受到运动的乐趣，同时也让这个节日成为一个展示学生个人才能和发掘潜能的平台。"健身节"有多种活动形式，如举行健身表演、比赛、宣传等，也可以安排体育相关演讲或讲座等活动。此外，大型的健身活动如"健身节"可以作为展示学校健身文化生活的绝佳平台，吸引全校师生以及外校师生参与，同时有效推动学校的对外宣传推广。借助宣传的机会，社会将更加深入地了解学校的文化氛围，从而使校园健身文化产生更广泛的社会影响。

（三）改革校运会

为了满足校园健身文化不断提升的需求，我们可以将原本以竞赛为主的校运会转变为集多元化的现代体育活动于一体的运动会，为了让体育活动更加多姿多彩，并充分展示当地的民俗和文化特色，我们可以引入一些新颖的健身和表演项目，以迎合不同学生的兴趣爱好和需求。在高校运动会中，将当代文化与本地文化、地区文化和传统文化有机结合，使比赛体现更为丰富的文化内涵，推动大学体育健身文化的发展。

第四章 高校校园竞技
体育文化建设

竞技体育文化作为一种文化现象，在现代社会给人们的生活和工作带来了重要影响，在传入学校后，成为高校校园体育文化的重要组成部分，对学校体育的发展及学生的成长也产生了重大的影响。本章为高校校园竞技体育文化建设，依次为竞技体育文化概述、竞技体育文化对高校校园文化建设的影响、高校竞技体育与校园体育文化在多层面的互动发展。

第一节 竞技体育文化概述

一、竞技体育文化的含义

作为体育文化的重要组成部分，竞技体育文化是奥林匹克运动的核心范畴，包含人本和谐、人与自然的和谐、人与人的和谐和国际社会关系的和谐等内容，体现着公平正义、充满活力和积极乐观向上的拼搏精神。

二、竞技体育文化的特征

（一）规则性

竞技体育文化具有规则性特征，主要表现为运动员在比赛进行时要受到各种规则的约束。比赛前，运动员需要熟悉运动规则，有助于他们更好地适应特殊的比赛环境，从而更有效地把握比赛进程。运动规则既是对选手的一种约束，也是比赛主体之间的一种相互限制。竞技运动是一种"没有硝烟的战争"，运动员们利用运动形式来表达和释放自己内在的挑战欲望，但要在确保比赛公平公正的前提下遵守各种规则限制。

事实上，与其他活动形式有所不同，竞技体育的规则性源于自我限制机制，是体育文化的核心，同时也是各种体育文化形式的支撑基础。如果没有这种文化形态的存在，体育运动就不可能展现出其目前的状态。

（二）互动性

竞技体育文化与体育文化在很多方面都存在共同点。体育文化是人类在与大自然和其他人相互交往中，形成的一系列行为意识、行为方式以及行为规范的总和。只有在特定条件下，人们之间的相互作用才能促进这种积累的实现。这同样适用于竞技运动。

竞技体育活动中，主体之间的相互作用体现在多个方面，包括运动员之间的互动、运动员与观众之间的互动、运动员协会和球迷协会之间的互动等多样化的互动交流形式。在各方面利益相关者相互接触交流的过程中，不同角色之间有时候会发生矛盾。此外，金牌战略、举国机制、职业化等也是因应社会互动而形成的适应方式。不同的运动项目之间相互作用，使它们呈现出相似的结构，从而为运动技能的转移提供了机会。参与者通过相互交流和互动，能够深化对活动内容的认识和理解。各类运动方式各具特点，但也存在着一些相似之处，如篮球与橄榄球运动方式之间的关系、橄榄球和足球的关系、乒乓球与网球"同宗同源"的关系就体现了这种特点。

（三）选择性

竞技体育文化在人群选择方面存在一定的偏向，即某些人相比于一般人会更倾向于参与竞技体育活动。竞技体育活动的开展取决于人类和体育活动之间的相互选择。在运动界，各种社会角色都会基于活动的性质，作出各自具有差异化特征的选择。竞技体育活动的选择考虑到了活动的本质、参与人员以及社会角色等方面，是运动主体与活动内容相互选择的一个过程。通常情况下，一般大众很少能接触到诸如高尔夫球或一级方程式赛车等运动，因为参与这些运动的门槛过高，一般大众很少能担负起构建这些条件的资金。

竞技体育活动的内容选择受到主体角色的特殊影响，具有高度的专业性。因此，运动员选择的活动内容不仅取决于内容本身，还取决于主体角色本身的特点。有些运动员具备多种技能，例如乔丹不仅是篮球高手，还是棒球高手，因此可以自由选择参与多种运动项目。然而，这种"兼顾"现象更常见于同一类别的运动项目选择中，例如一些短跑运动员精于短距离赛跑，同时他们也会研究其他田径项目，如跳远等。

在确定了竞技体育活动所涉及的主体和内容之后，就应该考虑适当的活动方式。虽然同一活动可能会有不同社会主体参与进来，但是这些主体之间的参与方式和水平存在明显的差异。球类运动和大学生参与的体育运动虽然都有一定的竞争和竞技成分，但两者的运动方式和过程截然不同。因此，竞技体育运动与大学生参与的体育运动之间存在明显差异。

三、竞技体育文化发展的意义

（一）竞技体育文化对人本和谐的构建

人体自身多种功能的协调与良好融合是人本和谐的主要表现，如人的身体健康、心理状态良好、社会适应能力较强，具有正确的人生观、价值观和世界观。此外，人与自然、社会的和谐也是人本和谐的内容。

《奥林匹克宪章》认为如果一名运动员没有良好品德，即便得到再好的名次，也不能得到他人的尊重和敬仰。这就从侧面说明了竞技体育并不仅仅看重在某项运动中达到登峰造极水平，它还要求运动员拥有与这种运动水平相匹配的素质。

（二）竞技体育文化对人与自然和谐的构建

人类社会的稳定和迅速发展需要关注人类与自然之间的关系，积极推动人与自然之间的协调发展。和谐人与自然意味着在注重人类发展的同时，也要重视自然环境的保护，实现人类、自然生物和生态环境的共同发展和共同繁荣。竞技体育的发展与其所处的自然环境密切相关。若没有一个良好的环境作为基础，竞技体育就难以持续发展和进步。为了让竞技体育长期持续发展，我们需要在利用自然环境的同时，采取保护和尊重自然环境的措施，以维护生态平衡。

现如今，人们越来越认识到体育的发展与保护自然环境之间平衡的紧迫性和重要性。自北京奥运会成功举办以来，我国正在逐步推广"绿色奥运"理念，这一理念的重点是推动人类与自然和谐共处。在这一理念的宣传和推动下，我国正在积极促进可持续发展。在现代竞技体育中，推行"绿色"理念意味着将自然环境视为不可或缺的组成部分，体育和自然环境相互依赖、相互支持，体现了体育在促进人与自然和谐相处方面的重要性，彰显了竞技体育中人类对自然的尊重和道德价值的表现。竞技体育文化所倡导的"绿色运动"和"绿色奥运"等方面的理念，对于推动人类与自然之间的和谐互动有着显著的促进作用。

（三）竞技体育文化对人际关系的构建

人际关系的和谐是指建立在人与人之间平等、相互尊重和体谅的基础上的一种状态，每个个体都享有同等的权利和承担同样的义务，不存在任何形式的特权、歧视或偏见所带来的不公平现象。在这样的互动中，双方利益不存在本质上的冲突，即便出现矛盾，也能通过交流和沟通来解决，并且进一步相互促进，改进互动的质量。

要让竞技体育得到良性发展，必须坚持客观真实，保障公平正义。只有公平才能维护体育比赛的秩序与和谐，只有确保规则面前人人平等才能确保公平、公正的原则得以贯彻。基于这个原则，无论个人或国家的地位和财富如何，参赛者只能凭借自身的体能和技能来竞争。唯一可以用来确定比赛胜负的标准只有运动员在比赛场上取得的成绩。因此说，竞技体育中蕴藏的这种文化内涵对构建人与人之间的和谐具有重要的影响和作用。如果违背了这种规则，那么竞技体育将会停滞不前，甚至会倒退，如 20 世纪 80 年代，兴奋剂大量使用现象时有发生，除此之外，政治对体育的影响使许多国家抵制在那个年代举办的奥运会等。这些打破和谐的因素无疑会制约竞技体育的发展。

四、竞技体育文化的功能

（一）可以培养学生的竞争意识

在现代社会，竞争是必不可少的，竞技体育又是竞争意识表现最为突出的一种活动。在体育运动中，不论身份背景，人人平等，都可以公

平竞争。比赛中除了个人的身体和心理状况不会有其他不平等因素存在。学生可以通过体育活动、运动比赛等形式，充分发挥个人潜力，展示个人强项。在体育运动领域，实力至上，不论资历与经验，注重实际。这就意味着每个参与者都应该全力以赴参与竞争，特别是在需要进行对抗的运动项目中，例如足球、篮球和跆拳道等。在竞争中，学生的竞争力和毅力也能逐步得到提高。

（二）有助于培养学生良好的社会道德与合作精神

在竞技型体育活动中，比赛必须严格遵守规则，选手展现实力水平必须要在遵守规则的前提下进行。在竞技体育中，人们应始终坚持竞争公正、实力决定胜负的基本原则。建立严格的规章制度和公正的裁判体系，可以培养学生遵循公正竞争的道德价值观的意识。参与竞技体育可以帮助学生学会如何正确应对竞争过程中的错误和失败，提高他们的意志力和抗挫折能力。这些技能将赋予学生更强的生命力，使其有能力应对竞争激烈的社会中的挑战。在一个集体性任务中，每个成员都扮演着特定的角色，每个角色都有其独特的行动要求，参与竞技体育，可以塑造人们尊重规则、守纪律的意识和行为。因而，学生参与竞技体育运动可以加强他们对体育道德的理解和塑造，并且有助于他们表现出优秀的社会公德。

（三）有助于培养优良的个人品行

个人积极参与竞技体育文化活动，可以逐步培养积极心态和自信，进而愿意积极应对更多的挑战和竞争。同时，竞技运动还鼓励人们要不断完善自己，超越自我，这都是社会生活中必不可少的优良品质。竞技体育可以培养领导和团队合作的能力，同时也能展示自律和遵守规则等良好行为。相关实验显示，参与过竞技比赛的学生在个人素养和社交适应方面都表现出较高的水平，同时也具备更出色的组织和领导才能。同时，竞技体育也呈现出了培养学生纪律性和遵从性的作用，例如尊重和遵守规则、服从裁判等品质。参加竞技比赛不仅要有强烈的进取心和必胜的渴望，还需要具备自我节制和奉献精神，同时也要具备宽容豁达的心态。个人品德的良好表现是在社会中获得成功的必要前提。

（四）有助于提高学生对社会的适应能力

研究表明，参与竞技比赛可以扩展学生的爱好范围，激发他们的热情，并为他们提供结交新朋友的平台。在竞争激烈的场合中，要不断奋斗并面对挑战与困难，同时还要承受成功与失败、赞赏与责备等心理上的考验。竞技运动有助于学生舒缓学习压力和心理创伤等不良情绪，脱离困境、保持心态良好和精力充沛，以更好地应对未来的挑战。这表明竞技体育可以作为评估个人适应社会能力的一种手段。

第二节　竞技体育文化对高校校园文化建设的影响

一、竞技体育文化有助于校园体育文化的建设与发展

每个个体、团体或国家都需要竞技体育文化所传递的价值观，如奋斗精神、公正平等、团结协作、和平友善，来推动其发展和进步。校园是一个旨在传承文化和培养人才的场所，因此文化建设应涵盖这些理念。尽管竞技体育文化和校园文化起源不同，但它们的共同目标是鼓励个人身心健康全面发展。校园文化建设旨在通过优化竞技体育文化的内涵，达到优化校园文化的目的，两者之间的紧密联系是由于它们共享相同的价值观，这些价值观互相融合、交融。因此，竞技体育对于校园文化的建设来说也是不可或缺的。

二、竞技体育文化有助于发挥校园体育文化功能

在校园中营造健康的文化氛围既需要完备的学术活动作支撑，也需要活泼的体育活动作为补充，这样才能让校园文化既生动有趣，又能够促进学生的身心健康发展和成长。通过观看竞技比赛，学生可以深刻体验到充满活力和坚韧不拔的运动员所带来的激励。同时，通过观看竞技体育比赛，学生能够增强心理成熟度和应对能力，培养鉴别和判断能力，获取人生经验和教训，形成积极向上的人生观和高尚品格。分享运动员成功的喜悦和失败的惋惜可以使学生更深刻地领悟竞技体育所蕴含的独特文化价值和塑造人格的力量。要将校园文化与竞技体育文化相结合，将体育比赛作为表现学生、学校风采的平台，为校园文化的建设作出贡献。

三、竞技体育文化有助于激发学生的爱国热情

在竞技运动领域，比赛的成败不仅仅关乎运动员的个人问题，还会在政治和社会方面产生持续影响。竞技体育有助于激发国民自我激励和不断进取的民族精神，同时也能够唤起人们关于国家认同和热爱祖国的情感。人们在奥运会期间非常关注各国金牌榜的排名以及所取得的金牌数量。以及中国在全球体育舞台上的地位和影响力。这表明爱国主义已经发展到更高级别，表现为国家组织系统期的爱国主义，对于国家和国家人民具有更加重要的意义。

四、竞技体育文化能带动校园文化深入改革和创新

在学校体育发展计划中加入竞技体育活动，有助于发挥校园文化建

设和竞技体育发展之间的互动作用，从而推动文化建设的创新和改革。在这个过程中，竞技体育活动在校园文化建设中起到了重要的推动和协调作用。在高校的体育教学中，我们需要遵守体育教学大纲规定的要求，明确体育锻炼的目的和计划。借助竞技运动，促进竞技体育与校园文化建设之间的协调和互动，推动双方朝着同一个目标方向前进，推动高校师生形成全面的长期健身态度，在文化环境中不断提升学校师生的运动表现，帮助其更深入地了解和认识校园文化建设，提高个人的身体素质和技能水平。发展竞技体育可以大力促进校园文化的深刻改革和创新。随着竞技体育逐渐走上职业化道路，它会激励更多参与者的热情，并为校园体育文化的建设提供更加广阔的发展舞台。加快学校体育文化发展，不仅有助于培养杰出的体育人才，也可以培养更多全面发展、高水平、多元化的学生，从而推动学校文化向更加系统化、明确化和全面化的方向发展。

第三节　高校竞技体育与校园体育文化在多层面的互动发展

一、竞技体育与校园体育文化在物质层面上的互动发展

（一）学校竞技体育的开展促进了校园体育物质文化的发展

1. 体育场馆促进了高校校园体育物质文化的发展

高校竞技体育的开展需要得到体育场馆设施的支持，缺乏完善的场馆设施会严重影响竞技体育的进行。在现代运动训练的实践中，要想达到优良的运动成绩，运动员必须借助先进、齐备的训练器械以及专业化

的训练方法。因此，高校在开展竞技体育活动之前，首先需要考虑是否能够为学生提供相关的训练和运动设施。

一所大学的体育设施建设状况可以反映出高校体育发展的情况。近些年来，我国高校采取各种措施着重提升其体育馆的建设。这个过程需要相当大的投资，而学校相继加强建设体育馆的行为，表明其对于校园体育的发展非常看重。增建体育场馆可以同时满足学校体育教学和竞赛需求，进而提升学校品牌形象和竞争力。

2. 体育赛场象征性文化促进了高校体育文化的丰富

象征性文化是一种特殊的文化现象，它既与物质文化有关，又与非物质文化有关，但却不容易被归类为其中某一类别。这种文化包括了多个方面，例如视觉元素包括队旗、徽章、吉祥物、代表色等；语言元素包括代表队的别称、队歌、赛场口号等。那些被用作代表、纪念或表达象征意义的建筑、工艺和手工制品等也属于这种文化。一所学校的整体体育运动形象可以通过其体育象征性文化来展现。为了在体育竞技领域建立独特且引人注目的品牌形象，学校应把品牌文化作为核心发展理念，并在设计上巧妙地运用旗帜、象征和其他元素，以展现大学生创新、团结和积极等精神品质。

调查研究发现，观众最深刻的记忆往往与赛场象征性文化元素相关，尤其是啦啦队和队服，其次是队歌和队徽。到目前为止，国内的学校竞技体育还没有品牌化宣传的迹象。当前，只有大超联赛和中国大学生篮球联赛初步进展成为规模化比赛，而其他项目尚未发展成熟。这一现状受到多重因素影响。最近的研究表明，我国某些高校缺乏独特的文化特色，例如没有标志性的队徽、队歌等符号，甚至部分高校缺乏自己独有的代表色彩。竞技体育文化和校园体育文化无法完美融合，校园竞技体育的基础相对不足。这表明高校在竞技体育文化方面还有提升空间，校园体育文化特色方面的建设还需加强。

（二）校园体育物质文化为开展学校竞技体育营造氛围

图书馆和体育馆是学生们最常光顾的校园设施之一。一般而言，对于学生来说，他们对于一个体育场馆的初印象通常来自其外观。据研究显示，多数学生认为学校的体育设施并不出彩，未能给他们留下深刻的印象。大多数学生认为本校体育馆外观设计缺乏新意。这表明学校在设计体育场馆方面缺少先进设施和创新性，难以有效地激发学生的运动热情。

体育馆墙壁上的运动墙画、校园里耸立的体育名人铜像，以及便于学生获取体育比赛资讯的海报、公告板和电子屏幕等设备，都是能为学生的思想、心理和行为带来积极影响的体育设施。这些设施不仅仅具备实用功能，也能够通过其文化内涵所展现的启示性作用，对学生产生优良的教育效果。

二、竞技体育与校园体育文化在精神层面上的互动发展

（一）学校竞技体育对校园体育精神文化的影响

文化可以被归为三类：物质方面、精神方面和制度方面。在三个层面中，精神文化是最核心的，因为它以价值观为核心。一个人的行为是他内心价值观的外在体现，因为任何行为都源于我们内心所抱持的信念和价值观。因此，人类行为的主要决定因素是精神文化，而不是物质文化或制度文化。

1. 竞技体育的精神价值

高校竞技体育的教育作用主要体现在对学生爱国主义和集体主义的教育以及学校精神和体育精神的传播四个方面。学生对竞技体育有深入的了解和认知，在参与竞技体育活动时就能够拥有良好的基础。

通常情况下，大型体育赛事的开幕式都有升国旗奏国歌环节，这也是一种有效的爱国主义教育。这种方式可以激起运动员和观众的爱国热情，特别是当运动员代表国家参加比赛，在国外领奖时听到国歌响起，荣誉感和责任感会油然而生，这也能够激发学生为国争光的精神。在这样的环境中，学生所获得的精神教育效果更加明显。这种运动精神会慢慢地感染其他学生，这股运动热情将成为学生持续进步的激励，鼓励他们追求同样的精神，并且不断努力践行这一精神。

2. 竞技体育的开展效应

"更快、更高、更强"的口号是奥林匹克精神的体现，它激励着运动员从始至终地追求自我突破和提高，勇攀高峰、不惧挑战，用汗水和努力成就辉煌。这种精神影响着每个人，在人生中给予人们勇气。奥林匹克精神彰显了互相包容、友爱互助、团结协作和公正竞争的理念。在学校开展竞技体育活动，对学生的人格塑造和涵养有着重要的影响。通过观看高水平的比赛，学生不仅能够提高对体育的兴趣，促进交流，还能够学习体育精神，从而改善心态，树立新的体育态度，提高心理素质水平。

（二）高校校园体育精神文化对学校竞技体育的影响

建设高校校园体育文化的过程是一个长期持续的积累过程。这个过程需要在各个方面逐渐积累成熟的条件，以使体育文化逐步形成。而一旦形成，这种文化对校园文化的各个方面将会产生深远的影响。人类的行为结果直接受精神和思想的影响，因此这两个方面的优劣对个体行为有着至关重要的影响。若在校园中积极进行体育文化建设和发展，能够表明该学校的师生在体育情感、观念和思想方面获得了不错的成长，这些精神上的进步也会反映在学生的行为上。此外，该校也能够顺利地组织校园体育活动。

高校体育精神对校园人的体育观念、思想和行为产生直接影响。校园体育在汇聚各类人才的同时，对于塑造学生正确的体育价值观有至关重要的作用。校园体育的发展受学校领导的思想和观念的决定性影响。学校体育文化的形成会带来许多好处，其中之一便是提高学校领导对体育发展的关注度。校园体育中竞技体育的作用不可忽视，竞技体育作为学校体育发展的领头羊，能够推动整个学校的进步，因此在学校内部必定也会得到充分的重视。学校竞技体育的兴盛不仅可以为学校增添荣誉、宣传校园文化，同时也能够营造富有特色的校园文化氛围，增添学生的生活和学习乐趣。

三、竞技体育与校园体育文化在制度层面的互动发展

高校校园体育制度的确立和完善至关重要。未参加工作的在校学生可以通过遵守规章制度来规范自己的行为，培养自律和规范意识，形成积极情感、发展智力、树立正确的人生观和价值观等，体育制度对于学生的发展具有至关重要的指导作用。通过进一步改善校园体育制度文化，可以提高学校体育工作的组织性和科学性，从而更有效地解决高校体育工作中的问题，避免由于缺乏合理规划而导致工作的盲目性，影响校园体育工作的开展。

我国高校虽然遵守国家规章制度，但大多数高校很少专门制定适合本校实际情况的规章制度，导致体育竞赛无法有序进行。因此，为了促进校园体育的发展和完善，学校需要改进校园体育制度并实现标准化和制度化。

四、竞技体育与校园体育文化在行为层面的互动发展

校园体育文化在大学各种竞技体育赛事中可以得到体现。比赛的竞

技精神和运动员的拼搏奋斗精神也会对学生产生激励作用。学校的顶尖运动员是学校竞技体育水平的代表，他们的行为和表现直接影响着校园体育的发展和推广。高水平运动员可以与校园内各个不同群体互动，对周围人产生积极的行为影响，从而影响他们的体育观念并提高他们的技术水平，促使更多人加入体育活动。

五、学校竞技体育与校园体育文化的整体性协调发展

高校体育活动必然涵盖校园竞技体育，校园竞技体育是校园体育文化发展和完善的一个关键因素。随着校园竞技体育的不断发展，校园体育文化也会得到更加全面的发展。高校文化建设必须包括校园体育文化建设，因为后者是高校文化不可或缺的一个组成部分，能够深入学生内心，培养他们的价值观和行为习惯，给他们留下深刻的印象。竞技体育和校园体育文化在学校中相辅相成，相互推动彼此的发展，这不仅可以促进学生的健康成长，而且还有助于推动整个校园文化的繁荣发展，并对每位学生产生积极的影响。除了传授技能，学校体育还扮演着促进学生树立体育价值观、人生价值观的重要角色。调查发现，当前我国各级学校竞技体育与校园体育文化之间并没有形成有效的互动关系，这在一定程度上制约了二者的发展。

（一）学校竞技体育对校园体育文化建设的积极影响

（1）我国的竞技体育的未来发展在很大程度上取决于学校竞技体育发展的情况。无论是高校竞技体育的发展还是国家竞技体育的发展，都需要经历一个循序渐进的发展过程。要促进学校的竞技体育活动，最为关键的就是要有能够满足学校学生运动需求的体育场馆，其次是必须确保有必要的体育运动设施。建设运动场馆能够提高学校体育设施水平，塑造美好校园运动环境，满足学生高水平训练需求，还有助

于促进校内外体育活动的发展。此外，还能够推进体育教学和研究的进展。

（2）为了建立健全高校校园体育制度文化，必须建立适应学校竞技体育发展的规章制度，这些规章制度对于高校校园体育的发展至关重要。例如，可以制定运动队招生、训练、比赛规章制度，同时规范管理教练员。

（3）与学校的一般课余体育不同，学校竞技体育呈现出的特征，是学校体育所不具有的。在竞技体育中，竞争是至关重要的。比赛期间，运动员表现出团结合作和永不言败的品质，这种精神能够感染学生，让他们受到运动员优秀品质的激励，从而树立正确的人生观和价值观。

（二）校园体育文化建设对学校竞技体育发展的积极影响

在高校校园中，体育文化涉及三个不同方面的内容，分别是物质方面、思想信仰方面和制度方面，这三个方面在校园体育文化建设过程中都会对学校竞技体育的发展产生相应的影响。要建设校园体育文化，就需要从这三个方面综合入手。

（1）高校校园体育的物质文化建设最不可或缺的组成部分就是学校体育场馆、设施和体育标识。这些物质设施的发展水平直接关系到学校竞技体育所能达到的水平。学校要注重体育设施的建设与维护，并从综合利用价值和设计外观等方面全面考虑运动场馆的建设，要使学校的体育设施成为备受师生喜爱且具有标志性的建筑。只有拥有必需的体育物质基础设施，学校的竞技体育才能实现持续稳定发展。

（2）学校在开展竞技性体育活动时，必须明确各项体育规定和制度。高校体育活动的开展以及各项体育事务的实施，都要依据校内体育规定和标准进行。这些规定和标准构成了高校校园体育制度的基础。

通过明确相关的体育制度，可以规范和约束校园内各主体的行为，确保各项体育活动有序开展。在选拔学员、聘请教练员和评估培训成绩等方面也需要考虑相关法规和规定，并严格遵守这些规定开展工作。因此，校园体育制度的建立和完善对于顺利开展学校竞技体育至关重要。

第五章 高校校园体育文化的传播

　　高校校园体育文化是文化学的相关内容与传播学的相关内容相互交汇的产物，从这个意义上来讲，高校校园体育文化既属于传播学的范畴，也是文化学的重要分支。高校校园体育文化并非像人们所认知的那样是一种简单运动形式的输出，与之相反，它恰恰是一种十分复杂、庞大的文化工程。高校校园体育文化传播状况，直接影响校园体育文化建设效果。本章为高校校园体育文化的传播，主要介绍了四个方面的内容，分别是高校校园体育文化传播的价值、高校校园体育文化的网络传播、高校校园体育课的文化传播、高校校园体育活动的传播。

第一节　高校校园体育文化传播的价值

一、高校校园体育文化传播在学校教育中的价值

　　所谓高校校园体育文化传播的价值向度，就是在体育文化传播现象中，教师与学生所作出的价值评价与选择的方向与程度。对于整个人类文明来说，学校有着特别的意义，它是人类文明相关信息创造与传播的

集中场所。在高校校园这一特别的环境中，高校校园体育文化是高校师生在参与高校校园体育教学与活动中形成的，涵盖了在这个领域所有的精神财富与物质财富。高校校园体育文化包括的内容是十分多样的，其中不仅有体育思想、体育价值取向、体育精神等，还包括体育行为、体育特色与体育设施等方面。对于高校校园体育文化与社会文化，前者是后者的组成部分，受到后者的制约，同时后者的整体状况也受前者所影响。

（一）高校校园体育文化是学校教育的重要组成部分

体育教学是教学大纲的组成部分，发展体育虽是德、智、体全面发展的一个面，但这个面影响了智育和德育的发展。原国家教委副主任柳斌同志在讲到《基础教育的紧迫任务是实施素质教育》一文中指出："健康的身体是良好道德素质的载体，也是知识的载体，抓智育没有载体不行，进行思想道德教育没有载体也不行。"体育教育成为德、智、体全面发展的基础。高校校园体育文化不能简单地等同于课堂教育的产物，也不能简单地归结为非课堂教育的结构，它恰恰是两者相互结合、相互补充的结果。高校校园毋庸置疑是以课堂教育为主的，但是非课堂教育在学生个性展现、创造性的培育方面有着重要的作用，在一些情况下，相较于课堂教育，学生对非课堂教育所投入的热情更多。因此非课堂教育在高校教育中有着极为重要的地位。同时，体育和健康不能等同，健康只是校园体育文化的一个属性，高校校园体育文化在培养学生的价值观念、道德情操、法治意识、竞争意识方面具有独特的效力。如举行一次体育竞技活动，除了学生的身体得到锻炼以外，他们在活动过程中，团体意识、交流能力、公平竞争精神等品质都得到了提高，所以说校园体育文化不单是单独的教学体系，它对整个的学校教育都起到了不可替代的作用。

（二）高校体育文化直接影响着高校的办学方向

在高校校园体育文化诸多组成部分之中，高校体育价值观念居于最为核心的地位。而高校体育文化是属于意识的范畴，是校园精神的重要组成部分。在大学校园中，广大教师与学生既是高校校园体育文化的创造主体，同时他们又身处在高校校园之中，因此他们也是高校校园体育文化的接受客体。在我国社会主义是一切文化、理想的底色，任何文化与精神属性的内容都要与社会主义价值观念保持一致。过去几十年以来，我国在教育中不断坚持社会主义的基本方向，并且在教育实践中积极落实社会主义的相关教育理念，而这一方向指导下的教育教学工作受到了广大师生的广泛认同。很多高校教师正是因为秉持着社会主义的文化与教育理想，在工作中有着源源不竭的动力，无数大学生在学习与生活中也在社会主义理念的感召下，争做社会主义事业的建设者与接班人。无论是教师还是学生，他们总是能在大学校园中，受到高校校园体育文化的感染与影响，而高校校园体育文化对于高校师生人生理想与文化信念的形成与塑造有着重要的意义。因此只有使高校校园体育文化保持社会主义本色，才能使高校的整体办学方向不偏离社会主义的轨道。

（三）高校校园体育文化是校园生活的重要方面

人类生活是由物质生活与精神生活两大部分组成的，物质生活在人类生活中居于基本方面，它主要包括衣、食、住、行等，精神生活则主要包括休闲娱乐以及有利于身心愉悦的相关行为。校园生活按时间的性质可分为学习生活和娱乐休闲生活。精神生活主要体现在娱乐休闲生活当中，其内容主要是校园体育。近些年来，随着社会经济的良好发展，人们的物质生活不断得到满足，也正是在这种背景下，人们把关注点逐渐转移到了精神生活之上，体育活动作为精神生活的重要组成部分得到了人们的广泛关注。在校园生活中，高校教师与大学生有着繁重的工作内容与课业内容，因此他们的精神需要得到适当的放松与调节，积极健康的体育文化生活对于消除他们的工作与学习疲劳，有着重要的意义。同时，体育活动也可以作为一种交际方式，来满足广大师生交流感情的需要。另外，高校校园体育文化对当前的体育形势、体育新闻都有系统的分析和全面的报道，对正确的体育观、价值观、人生观都做了全面的宣传，这对师生认识人生、了解国情具有更大好处。

二、高校校园体育文化传播对社会发展的价值

高校校园体育文化在社会文化中有着重要的地位，一些在社会中发挥着主导作用的文化会影响高校校园体育文化，同时高校校园体育文化反过来又会影响社会文化的构成形态，对社会主导文化或直接或间接地发挥作用。校园是知识分子的园地，广大知识分子在校园中不断孕育着新的、进步的文化，他们在校园中所产生的思想又会对社会的经济、文化、政治等领域的内容产生重要的辐射影响。

（一）高校校园体育文化在社会文化中的价值

如对社会文化进行进一步的划分，则可以将它分为主文化与亚文化。所谓主文化，是在社会中居于主流的文化类型，这类文化一般是指那些国家与民族所呈现出来的文化类别。而与主文化相对的是亚文化，是指那些具有主文化特征，同时又包含着独特属性的文化类型。高校校园文化作为一种亚文化，既包含着主文化的一些基本特征，同时又具备着一些区别于其他文化的独特特征。在主文化与高校校园文化之间，学生发挥着重要的纽带作用，学生在学习的过程中会继承传统的民族文化，同时他们还在校园中积极参与体育活动，从而创造高校校园体育文化，而学生所创造的这种文化也会跟随着他们一同进入社会，从而对社会的主流文化产生重要的影响。如果学生在学校养成一种体育锻炼的习惯，当

他们步入社会以后同样以这种习惯坚持每天进行体育锻炼,刚开始可能只有他们进行锻炼,但随着时间的推移,他们身边的人也会受其影响参与体育锻炼。此时,校园体育文化就体现出其社会价值。又如学生把校园体育文化的公平竞争、遵守游戏规则、不怕苦不怕累的精神带入工作当中,开始与社会的歪风邪气作斗争,为建立社会的新风气作贡献。

(二)高校校园体育文化与社会政治

法国著名文化学家维克多·埃尔指出:"文化与政治的关系,是一种原始的基本关系。""文化概念的历史,至少在初期,是和政治思想的历史休戚相关的。"[①]在古希腊时期,政治自身的结构与目的性与文化事业有着很大程度的一致性,政治的诸多环节、内容都为文化的发展创造了重要的条件,其中比如政治的思想原则、政治统治权力的行使等。在古代封建社会,中国的政治思想是"大一统",这与文化领域的"三纲五常"等儒家思想有着直接联系。儒家文化在中国古代封建政治统治中扮演着极为重要的角色,它为封建统治提供了必要的思想支持,与此同时,政治的相关思想促进了儒家文化的传播与发展。由此可见,文化与政治存在着难以分离的关系,它们彼此联系,相互影响。高校校园体育文化是文化系统的重要组成部分,因此它作为一种文化形式,对社会政治有着极为重要的影响作用。高校是教学与学术活动最为集中的场所之一。高校校园体育文化有利于保障学校人才形成强健的身体体魄,从而使他们在今后更好地参与政治生活。高校师生健康的体育价值观念,对于社会价值观念有着重要的影响作用,高校校园体育价值观念在一些情况下是社会价值观念变化的先导。

---

① 卫世文,骆玉安. 大学校园文化建设论 [M]. 呼和浩特:远方出版社,1997.

（三）高校校园体育文化与社会经济

文化、经济、政治三者之间总是存在着千丝万缕的联系，某一部分的变动会影响其他另外两部分的变动。文化是经济状况的重要表现，同时文化活动也对经济活动产生着重要的影响。很多经济个体乃至经济组织，他们的诸多行为，不仅受经济层面相关内容的影响，比如经济利益，而且很多时候一些重要的文化因素也对其行为产生着重要的影响作用。对于一个人而言，他只要出生就处在文化环境之中，其思想意识的形成与发展无时无刻不受到文化因素的影响。正因为文化会影响其思想观念，进而会影响其诸多行为方式，其中也必然包含经济行为方式。个体经济行为的变动，就会影响到社会经济的发展状况。作为具有社会文化形态的高校校园体育文化对社会经济的影响，主要有直接和间接两方面。直接影响主要体现在：学校为建设校园体育文化，从社会批量购买体育器材、投标建设各种体育场馆。同时，随着体育消费观念的转变，花钱买健康的人越来越多，学生利用课余时间花钱到社会体育健身俱乐部进行锻炼等，都对社会经济造成直接影响。间接影响主要体现在以下三方面：第一，现代化的经济建设离不开现代化的管理人才和技术人才。高校在经济社会的建设与发展过程中所起到的功能、作用是高素质人才的输送。第二，高校的科研成果与社会的经济发展往往存在着密切的联系，高校的科研成果的产生要经过一系列环节的转化，最终形成社会的某种经济形式，进而促进社会生产力的发展。具体到体育层面，很多体育科研成果会更加丰富体育领域的经济发展因素，进而也会极大地促进社会经济的发展。第三，高校校园体育文化很多情况下所扮演的角色是媒介，它在社会经济发展的过程中也起到重要的推动作用。如具有一定商业性质的 CUBA（中国大学生篮球联赛），就成功地把校园体育赛事作为一个载体为社会经济建设服务。

（四）高校校园体育文化与社会传播交往

高校校园体育文化是社会体育文化的重要组成部分，它与社会的相互作用主要表现在两方面：一方面是由社会体育文化向高校体育文化传播，另一方面是由高校校园体育文化向社会文化传递影响。高校校园体育文化在一定程度上受社会体育文化的约束和影响。因此，高校应当考虑遵从社会体育文化中的法规，响应社会要求，不断完善校园体育文化的规划和发展。社会资助是高校校园体育文化资金的主要来源之一。由于学校行政拨款所用于校园体育文化活动的经费是十分有限的，因此这部分有限的资金是很难满足高校体育工作的全部需求。因此，高校要与社会建立充分的合作关系，借助社会的相关资金的优势，本着有益于双方的原则，社会的资金可以解决高校校园体育文化发展的资金短缺问题，同时高校也可以积极为企业宣传，提升企业的知名度，也可以与企业签订定向人才培养计划，从而实现共赢。

（五）高校校园体育文化与社会调控

高校校园体育文化的社会调控价值主要体现在两个方面：调适与控制。人们的价值观、人生观会在接受文化传播的过程中受到一定程度的影响。大学生从高中步入大学，初步开始独立生活，会受到很多社会文化的影响，但这个过程中所形成的价值观也不一定是健康的、积极的，很多学生与其他个体相处不协调，有时会使得学生陷入一种悲伤的情绪。高校教师与大学生可以在参加高校校园体育活动中，感受人际交往的快乐，从而打开原来闭塞的情感沟通渠道，形成一种良好的调控作用。在高校校园中组织各种体育比赛，让学生与教师积极参与，使他们在参与的过程中，感受体育活动的规则，并养成遵守规则的习惯，进而使他们在社会中遇到各种事件时，都能对自身的行为进行道德和法律的约束。

三、高校校园体育文化传播对其自身的价值

（一）通过传播实现自我增值

文化增值在高校校园体育文化传播中是必然存在的。很多外来体育文化在传播过程中首先选择的场所都是高校校园，很多体育文化在传播过程中也会因为高校活动的包装，显现出更独特的魅力，也能增强其本身的价值属性，为更多人所接受。高校校园文化的增值是经过多方面作用而实现的，其中包括传播者、接受者、传播媒介、群体参与。文化传播者在传播文化的过程中，会根据自身的价值观念与思想属性，对所要传播的文化进行理解、加工。高校校园体育文化的传播主体存在一定的特殊性：传播主体是高校教师与学生，他们的文化、理解水平都比一般传播者要高。因此高校校园体育文化在校园中传播时，会经历高校教师与大学生的理解与加工，被赋予全新的价值属性。高校校园体育文化在被高校教师与学生的价值观等"加持"后，会实现文化的增值。在高校校园体育文化的传播过程中，传播媒介扮演着极为重要的角色，全新的媒介形式会使文化在传播过程中被赋予更多的意义与信息。高校校园体育文化的增值也离不开群体参与，这个主要表现在高校校园体育文化是众多群体参与集体活动而形成的。群体参与高校体育活动，会有利于形成一种团结奋进、相互合作的集体价值观。

（二）通过传播实现对体育文化保护与传承

体育文化的传播是保障和传承体育文化的过程。要让体育文化作为文化现象传播给接受者，需要考虑具体人群的具体需求。人们的意识、心理和价值观会对体育文化的传播产生影响。高校不仅是人才培养和输送的重要场所，也承载着社会体育文化传播的重要功能。很多体育文

因为其中内涵的重要民族文化属性，在传播过程中受到政府有关部门的高度重视。这些体育文化在高校校园中被广大教师与学生进行理解与吸收，并且在这个过程中，很多体育文化融入了教师与学生的积极价值观、是非观，从而具有了更高的社会认可性。这种情况的产生无疑会加速体育文化的传播，在体育文化传播过程中，很多体育文化也得到了保护与传承。

（三）通过传播形成自我的文化交流

文化在不断地传递、演变和变化，这种文化流动的过程，也是文化的动态性与发展性的体现。同时，这种流动也形成了有序的文化传播模式，成为文化互动的重要方式之一。高校校园体育文化具有独特的文化特色，这得益于广泛传播者（包括师生）具备较高的文化素养水平。另外，很多大学拥有自主招生的权利，能吸引很多高水平的运动员前来就读，为大学校园体育文化的传播提供更多体育人才。此外，高校校园体育文化以其自身文化特点为基础，不仅运用最先进的传播媒体进行推广，还注重提升学生的学历和运动水平。

第二节　高校校园体育文化的网络传播

一、高校校园体育文化的网络传播价值

在当前网络环境下，高校校园体育文化的传播已经发生了巨大的变化。新媒体技术的快速发展，使高校校园体育文化的传播路径更加多样化和便捷化。传统的媒体渠道逐渐被互联网、社交媒体等新媒体所取代，高校体育文化的传播也逐渐从线下向线上转移。同时，新媒体的出现也

为高校体育文化的传播提供了更多的机遇和挑战。

网络传播是以数字技术为基础，通过互联网、移动通信网络等传播渠道，以多媒体形式为主要特征的媒介形态。在当今信息化时代，新媒体已经成为人们获取信息、传递信息、交流互动的重要方式。相比传统媒体，新媒体具有很多的特点和优势，这些特点和优势也为信息的多元化传播提供了有力的支持。新媒体的主要特点之一是互动性强。传统媒体的形式是单向传播，信息的发布者和接收者之间缺乏直接的互动和交流。新媒体则具有双向交流的特点，用户可以随时随地与媒体进行互动，实现信息的共享和传播。例如，社交媒体平台上的用户可以通过点赞、评论、分享等方式与其他用户进行互动，形成一个互动性强、内容丰富的社交网络。这种互动性强的特点，也为新媒体提供了更多的可能性和发展空间。

（一）扩大了受众群体

传统的信息传播是通过书籍、报刊等方式进行的，而网络传播的到来，打破了传统的信息传播方式。其传播方式与传统的书籍、报刊相比更具有多样性、灵活性、综合性，更为广大群体所接受。网络让人们可以方便地看到世界上重大比赛相关体育信息，通过为人们提供丰富多彩的图文报道，增强人们的体验感。并且人们可以随时进行点播，甚至可以观看过去的比赛，进行多角度欣赏。除此之外，网络还具备集体育训练、科研、教学和娱乐于一体的特点。通过网络查询，可以快速有效地获取任何与体育相关的信息。随着网络时代的到来，体育从业者、普通网民都可以随时通过互联网获得与体育赛事相关的信息，这在一定程度上使得体育赛事的观众群变得更加广泛。

（二）改变传播媒体的传播方式

当前，国民上网率不断提高，网络成为普通人生活中不可缺少的部分，人们通过网络了解世界、了解最新的体育信息。很多体育信息在现代网络中得以更为迅速地传播，现代网络与传统的传播媒介，如报纸等相比，可以使体育信息的功能得到更充分的发挥。当前绝大多数网络用户在使用网络过程中，优先想要获得的信息是新闻信息，而体育方面的信息也在网络用户想要获得信息中占有极大的比例。传统的体育信息传播媒介都在现代网络的冲击下，纷纷改变自身的发展思路，顺应时代与用户的需求，建立网络平台与网络网站，从而使用户在极短的时间内获取自己想要获取的体育信息，体育信息的传播变得更为便捷。

（三）满足了人们对体育信息的需求

随着社会不断发展和人们文化素质的逐步提高，人们拥有了更多的休闲时间，这也使他们对体育信息产生了更多了解与关注。体育在影响人们的思维模式、价值观念、兴趣爱好、行为规范以及身心健康等方面扮演了关键的角色。网络的广泛传播为人们迫切需要了解体育信息提供了极佳的机会。网络的高容量、强交互特征，可以为用户提供全方位、多角度的服务。它能够以多元化的方式，从各个角度和不同维度全面报道体育赛事。通过网络用户可以获取与体育赛事有关的详尽信息比如历史背景、比赛规则等。而这些通过看报纸和听广播是很难达到的。因此，体育信息网络传播更能满足人们对体育信息的需求。特别是在校园里，高校的上网率几乎达到 100%，体育信息网络传播也给他们带来了查询的方便。

（四）加速了体育文化的传播

随着各种规模的体育赛事的普及，群众体育活动也广泛开展，这种状况表明宣传力度需要大力加强，而互联网在这个过程中发挥了至关重要的作用。除了依赖传统媒体，例如电视和报纸，体育爱好者还可以通过利用互联网和多种搜索引擎，在短时间内快速获取所需的体育文化信息。网络使得获取体育文化信息变得十分方便，人们可以随时在网络上获取他们需要的体育文化信息。此外，网络上的体育文化信息内容涵盖范围极广，还具备互动性强、导航机制清晰、链接方式多样等特点。这些优点使体育文化得以广泛传播并深入各个网络社区。

（五）加速了体育信息专业人员的培养

随着互联网技术的迅速进步，越来越多的人开始对运动信息进行广泛的应用和开发。同时互联网技术也为体育信息专家提供了充足的学习和知识积累机会。未来体育信息专业人员将发挥现代传媒的作用，如计算机网络与用户互动，获取并整合丰富的信息，从而展开咨询研究等工作。这些体育专业人才不仅具备外语能力，而且能够熟练掌握最新的软件、媒介技术。专业化体育人才也将在网络传播的过程中逐步成长起来，并在成长过程中对体育信息资源的开发与利用起到积极的推动作用。

（六）促进了体育事业的繁荣和发展

在互联网时代，网络与信息展现出更为紧密的结合关系，网络信息资源的利用也越来越合理化。很多体育性事业在当前阶段展现出极大的进展，比如体育教育教学的远程化、网络资源的共建与共享。人们可以在网络上查阅相关国际体育文献资料，浏览各种体育期刊，这对于人们体育信息的需求是一种极大的满足。

现代体育的发展是以信息化为重要特征，因此，在体育领域的科研工作中，如何更加有效地把握体育科研方向，掌握体育研究的前沿信息就显得极为重要。一些网络数据库的广泛应用使得在网络媒介上所呈现的体育信息变得更加丰富、多样。网络不仅仅能提供体育即时信息，比如体育比赛新闻报道等，还有过去体育信息为主而建立的体育数据库，比如运动员的过去比赛成绩、体育科研信息等。体育信息的网络传播使得体育信息的传播过程中更为科技化，这种状况在一定程度上，使体育信息展现的覆盖范围与人群变得更为广泛。很多体育从业者都有体育科研的工作任务，这类人群一方面需要大量的体育信息作为重要的科研参考，另一方面也有即时交流、开展远程合作的需求，而网络技术就恰恰满足了他们的这些需求。由此可见网络传播极大地促进了体育事业的繁荣。

二、高校校园体育文化的网络传播特征

（一）互动性

在过去，高校体育文化的传播呈现出单向的线性传播特点，这种传播存在一些明显的缺陷，主要表现在主体与客体之间传播的障碍性，以及传播客体对传播主体的必要反馈的滞后性。随着一些手机与网络媒体的极大发展，体育文化传播方式发生了极大的变化，主要表现为高校校园体育文化传播客体的主动性的增强，以及传播主体与传播客体之间的强互动性。在当前，几乎所有的高校的教师与学生都是网络用户，因此他们在高校校园体育文化信息的传播过程中，作为信息的接受方，也可以传递信息，具备一定的主动特性。正因为这样，整个传播过程变得更具互动性。

（二）融合性

在新媒体时代，各种传媒手段不断深入结合，这种结合是更深层次的优势互补，而非简单地彼此相加。各种具有不同的传播特性、传播影响力的媒体形式实现了"复合"，这一过程实现了对传统单纯文字、画面传播的突破。广播电台、网络、平面媒体、手机广播电视等终端在新媒体时代充分结合，这也就使得信息传播逐渐朝图文并茂、音视频同步的方向发展。当前，在高校中传播体育文化信息，传播渠道、环节更为多

样化，而且相较之前传输距离也更长。高校校园体育文化信息在多种信号传播方式下，在高校师生中广泛传播开来。在传播高校体育文化的过程中，将平面媒体、新闻客户端、移动终端能够有机地结合起来，能使整个传播过程展现出融合化的特征。在新媒体传播的模式下，高校校园体育文化的传播物质载体的变换，使得传播高校体育文化信息、传播的受众范围都呈现出巨大的变化，相较于过去而言，达到了一种前所未有的高度。

（三）系统性

对于新媒体技术而言，系统性是其鲜明而关键的特征。在新媒体时代下，各种媒体通过实现有机融合，从而形成一个更有秩序的完整系统。新媒体的信息传播过程包含了多种表现手段的使用，对人的各种感觉都会形成一定的刺激，从而给人以全方位的体验；新媒体的信息加工手法更加的现代化，运用了许多先进的技术，既提高了信息的质量又提高了加工的效率；新媒体在内容发布上更加的直接、广泛，形式也更加丰富。

（四）创新性

创新是每一个行业发展的力量源泉，更是传播的重要特征之一。在新媒体时代，高校体育文化传播无论在编辑技术、模式，还是表现形式上都有了巨大的创新。技术上，由于网络数字科技的不断发展，出现了各种更便利、效果更好的编辑技术，像可视化技术等，让高校校园体育文化传播变得更直观生动，适合于广大受众的口味和审美；模式上，因为不少工作环节都在逐渐被新技术替代，再加上媒体融合，使编辑和记者的工作内容出现较大的交叉、重叠，受众群体也开始向文化传播主体转变；表现形式上，新媒体平台的涌现，使不同群体的声音都能得以彰显，各式各样的网络流行语风靡一时，甚至能影响传统媒体的语言表达。

（五）交互性

在新媒体时代，借助跨媒介技术，信息的传播效率得到大幅提升。同一条信息可以以多种方式发布、扩散和接收，不再局限于某一种传播媒介与传播终端。各种媒介实现不断融合，信息传播方式越来越多样化，传播效果更加贴近大众需求，新媒体则表现出了全方位的交互性的特点。在高校内，体育文化的信息流动也呈现出交互性的特点。数字化媒体，如电视、报纸和网络广播，彼此相互交错和融合，使传播受众更加有效地掌握信息。这也为信息应用的拓展提供了无限的发展空间。此外，大学校园体育文化媒介的推广形式变得越来越多样化，文字、声音、图片、动画、视频等多种信息形式构成了一个完整的互动系统，彼此交织呈现。在传播活动中传播主体与传播客体展现出更进一步的关联性，传播者和接受者的角色的相互转化，也体现了传播活动的交互性特点。

三、新媒体给高校校园体育文化发展带来的新机遇

（一）拓宽高校校园体育文化传播主体的类型

随着新媒体时代的到来，传播体育文化的一些难题得到了彻底的改善。现在，高校校园体育文化的传播已经不再局限于传统的体育教师和学生等特定的线下传播主体，而是拓展了各种类型的体育社团、图书馆和企业等，从而使高校校园体育文化传播主体呈现出多元化的特征。

（二）延展高校校园体育文化传播的渠道及形式

随着社会不断发展，人们越来越注重利用科技的力量推动体育的发展。在这种科技为体育赋能的背景下，高校校园体育文化的传播方式和渠道也在不断改进和提升。随着媒介形式的更新换代，人们可以更方便

地利用计算机等设备获取信息，在相关的网络平台上进行互动和传播体育信息。如今，越来越多的高校教师开始熟练地运用各种现代化的媒体技术来辅助他们的课堂教学。这种方法不仅可以有效提高体育教师的教学水平，同时也有助于激发学生的学习兴趣，并推动体育知识的传播。另外，借助新兴媒介方法还能增强校园体育文化的影响力。

（三）丰富高校校园体育文化传播的内容信息

在新媒体时代，体育信息表现出巨大的变化，这种变化不仅体现在传播速率上，也体现在信息内容的传播数量上。在新媒体时代，体育信息的传播客体能极大程度地满足主体对于信息的基本需求。在高校校园中，网络条件已经越来越优质化，高校能通过网络与社会、世界建立广泛的联系，广大的教师与学生在校园中就可以对世界上发生的体育事件进行全面的了解。由此可见高校体育信息的传播内容呈现出极大的丰富性特点，而且在传播客体对信息的获取方式上也更加便利。新型媒体对于我国高校校园体育文化的传播有着十分重要的价值与意义。

四、网络给高校校园体育文化发展带来的新挑战

（一）传播主体意识薄弱降低高校体育文化传播力度

通过线上传播的方式传播高校校园体育文化有各种各样的优点，但是通过这种方式在传播信息的过程中也存在一些挑战，同样需要引起人们的重视。很多教师在知识储备方面有着极大优势，但是往往又缺乏必要的媒介应用基础，难以实现新媒介技术与高校校园体育文化信息的有机结合，这种状况的存在，会极大影响高校校园体育文化信息的传播效果。很多高校学生或者以学生为主体的校园体育社团，他们在传播体育信息的过程中，尽管对新媒介技术的应用有较深的理解，但是传播效果

仍不理想，因为这一群体在体育知识的储备方面还相对不足。

（二）多元传播渠道及海量信息冲击高校体育文化传播力度

我国传统高校体育文化的建设工作，由于体育信息的线上传播方式的广泛应用，也从传统封闭模式的藩篱中解放出来，尤其是在传播渠道实现多元化发展之后，高校体育文化信息更是以"海量"的方式进行传播。多元化的传播方式，使得夹杂着各种体育文化的信息涌进高校校园之中，这些信息中不乏与西方价值观相关的内容，会对我国传统高校校园体育文化信息产生强烈冲击，进而对我国高校校园体育文化的发展产生消极的影响。

（三）监管体系缺失影响高校体育文化传播力度

我国高校的体育文化建设工作当前仍处于发展阶段，各种新兴技术还有待初步应用。校园体育文化的线上传播具有一定程度的发展，但是完整的监管体系还没有完全构建，体育文化的传播制度机制也还不够完善。海量信息与多种多样的传播途径使得高校体育文化在建设过程中存在的冲突现象不断加剧，高校校园体育文化存在脱离控制的风险性，这主要表现在对一些在高校校园中出现的多元体育价值观无法进行必要的规范与指引。由于在当前我国高校在高校校园体育文化的传播方面缺乏足够完善的监管体系，这就使得很多渗透着体育暴力等不良因素的体育文化信息，对学生健康的学习与生活产生极为消极的影响。

五、高校校园体育文化网络传播策略

高校体育文化是指高校内部的体育活动和文化传承，是高校教育中不可或缺的一部分。高校体育文化的核心是以体育为载体，以培养学生身心健康、塑造健康人格为目的的教育活动。高校体育文化的传承和发展对于提高学生综合素质、增强学生体质、促进学生全面发展具有重要意义。高校体育文化的内容丰富多样，包括体育竞技、体育锻炼、体育教育、体育科研等方面。高校体育竞技是高校体育文化的重要组成部分，包括各种体育比赛、运动会等，旨在增强学生的竞技水平和竞技意识。

随着新媒体时代的到来，传统的体育文化传播方式已经无法满足现代社会的需求。高校体育文化作为一种重要的文化形态，应该在新媒体环境下寻找新的传播路径，以更好地传承和发扬这一文化。首先，高校体育文化传播的重要性在于对学生身心健康的促进作用。高校体育文化能够为学生提供多样化的体育锻炼方式，帮助学生保持身体健康、缓解学习压力、提高学习效率。同时，高校体育文化也能够为学生提供丰富多彩的文化体验，丰富学生的精神生活。其次，高校体育文化传播的重要性在于对高校品牌形象的提升作用。高校体育文化是高校文化的重要组成部分，其传播有利于提高高校的知名度和美誉度，吸引更多的人才和资源，为高校的发展提供有力的支持。最后，高校校园体育文化传播的重要性在于对社会文化建设的贡献。高校校园体育文化是社会文化的重要组成部分，通过传播高校校园体育文化，可以推动社会文化的发展和进步，促进社会和谐稳定。

（一）建立专题性体育网页

传统教学方式过于的千篇一律，在教学对象上面向的是全体学生，无法满足学生强烈的个体要求，网络教学对于这一点就可以做到一定的改善，一方面，网络传播速度快，信息容量大；另一方面，网络更新速度快，更方便网页管理者对内容的及时更新，体育信息不至于过于陈旧。

1. 高校体育网页的内容和特点

高校体育网页的建设必须符合学生的需求，不仅要秉持健康和谐的原则，还要具有知识性与趣味性的特点，只有这样才能使得学生在使用过程中享受到更好的服务。高校体育网页的主要内容是各种各样的体育知识，学生在浏览网页的过程中，通过吸收、学习这些体育知识，并在积极欢快的氛围中，实现自身水平的提高。体育网页可以在给予学生一定的知识引导的同时，坚持正确的价值导向，从而更加有利于学生的学习与成长。

2. 校园体育文化网页传播的特点

学生在使用校园体育网页过程中，会将各自所掌握的校园体育文化信息进行交换，通过在网页中进行信息的有效互动，从而使各种校园体育文化信息都能够在网页上呈现。体育部门的网页一直在校园网页中具有极高的关注度。中国大学生篮球联赛与中国大学生足球联赛被同学们高度重视，而同学们在为自己的母校进行加油时，往往会采用校园网页的方式，在网页上纷纷为自己的母校球队摇旗呐喊，而且还与其他学校的学生在网页上进行友好交流。学生们在校园网页上，可以了解到学校相关比赛的实时情况，还可以对校园体育比赛的结果进行相关评论。体育部门在校园体育网页的管理方面发挥着重要的作用，并且在网页上积极宣传、落实全民健身计划纲要，这些行为使高校校园体育文化更加具有传播的广泛性与影响力。

3. 网页对体育文化传播的作用

网页为学生提供了丰富的信息资源，使他们能够更广泛地了解知识，也能够使学生们更加自由地支配学习时间，从而增强学生的学习积极性。学生可以利用互联网随时随地学习各种体育知识，如运动技巧、运动医学和健身方法等。使用网页传播体育文化，一方面可以使得学生的体育课程学习需求得到较为充分的满足，另一方面还能使得不同年龄阶段的人群更好地接触体育知识，为他们提升运动技术提供必要的帮助，也正因如此，网页体育文化传播具有一定生活性课程的属性。网页传播体育文化知识在传播范围上与之前的传播方式相比更具有广泛性。很多网页用户都会在网页上进行信息的发布与交流，对于高校体育教师而言，他们在从事科研的过程中，可以充分借助网页的优势，在网页上浏览相关体育科研信息，就相当于进入了一座全球最大的图书馆，可以对体育科研的前沿动态做到精准的把握。

建立专题性体育网页对高校校园体育文化的传播具有重要的促进作用，而建立专题性的网页，最主要的是突出它的内容专题性。只有对体育信息进行详细的分类，使得这些信息的呈现更为系统化，才能满足不同学生的信息查询需求。比如在网页制作的过程中，可以对体育新闻网页、体育学习网页、体育宣传网页进行区分。

（二）建立 BBS 体育论坛

BBS 体育论坛在学生进行必要的体育信息交流活动中扮演着重要的角色，该论坛的交流主体不仅包括学生与学生，同时也是教师与学生开展友好交流的重要媒介。可以邀请体育教师参与到 BBS 体育论坛，让教师在论坛上与学生深入交流，引导学生阐述自己对于参加体育活动的诸多看法，可以创设一些问题，比如"你喜欢什么样的体育运动项目""你是怎样看待你的健康的"等。学生在回答这些问题过程中就把自身的思考与想法，充分表达出来，教师也可以针对学生的回答内容，知晓学生存在问题的地方，并对其给予建议。学生和老师的交流也增长了学生对体育知识的了解。同时，在 BBS 体育论坛中，学生所提出的问题也是对校园体育建设最好的反馈信息，学校通过学生提出的问题实施有针对性的建设措施，进行校园体育文化建设更贴近学生，将有利于学校体育事业的健康发展。

（三）创建体育教师个人网站

基于"了解体育教师"这一目的，体育教师的个人网页往往是最受学生欢迎的，体育教师的个人网站内容应该包括自身的简历、所获的奖项、擅长的体育项目以及教学思路和科研成果等。教师可以在个人网页上借助各种各样新颖的方式，重新开发自己所教授的课程资源，学生在浏览到这些课程资源之后，会自行开展有针对性的复习。教师也可以根据学生的不同类型，在自己的个人网站上设置差异化的内容，从而满足不同学生的需求。高校体育教师要在运用网络技术过程中，使之与自身的体育教学经验紧密地联系在一起，而且要积极实现自身体育教学经验的网络资源化，从而使得自身的教学经验能够接受广大体育同行、领导、学生的指正。

（四）利用微信等社交媒体平台

高校校园体育文化的传播就是让学生在学习的过程中，能够很好地掌握一些体育运动技能，并且让学生在由"学会"逐渐变为"会学"。高校校园体育文化的良好传播对于我国体育文化事业的发展具有重要意义。合理地应用微信平台有利于推动高校校园体育文化的传播。

1. 微信公众平台在校园体育中应用的意义

学校组织体育教学活动是体育文化传播的重要途径，通过这种方式，学生可以更深入地了解体育知识和文化，实现体育文化素养的健康化发展。将微信平台与体育教学相结合，能够创造新的体育文化传播方式。使用微信平台结合体育文化宣传，可以帮助学生更加方便地掌握和了解体育知识，不仅有助于增加学生对体育学习的热情，还可以使他们更深入地认识相关体育知识和体育文化背景。在一些体育教师队伍中，存在一些体育教师缺乏专业知识和文化素养，所以他们在实际体育教学工作中，有时难以正确指导学生，而学生在体育课程中所能学习的体育知识也是相对有限的、一知半解的。学生可以通过微信平台，阅读图文并茂的内容，以深入了解和学习体育文化。这种方法可以激发学生对学习的兴趣，提高学习效果，并有效地促进体育文化的传播。

2. 微信平台在校园体育文化传播中的作用

（1）加强师生互动

高校校园体育文化的传播是一项具有挑战性的任务，教师需要在课程时间有限的情况下面对众多学生。由于学生的数量庞大，教师想要与每个学生都进行深入的沟通和交流，在实践时难免会存在一定的障碍。因此，教师只能就一些基础的体育知识和文化进行说明。而有了微信这一强大的信息技术平台，体育老师能够更方便地进行日常工作，比如发布学习重点和分享经验，同时也能够与同事、学生探讨与体育相关的文化知识，从而使高校校园体育文化实现更为广泛、快捷的传播。通过利用微信建立师生联系，可以增强师生之间交流的程度，帮助学生积极提升体育素养的综合水平。借助微信平台的点对点互动，教师可以更准确地根据每位学生的需求进行个性化的教学。

（2）弥补师资不足的问题

通过微信平台，教师能够更加精准、便捷地向学生传授体育文化知识，从而提高体育文化的传播和指导效果。在高校校园体育文化传播方面，教师人数不足导致的指导不足问题也可以得到有效的解决。在高校校园体育文化尚未广泛推广之前，教师可以通过微信平台与对体育文化感兴趣的学生进行指导，从而使文化传播方法的制定更具有针对性与指导性。在微信平台上进行体育文化传播，不仅能够解决师资不足的问题，还能借助创新的传播方式，进一步提升体育文化传播的效果和影响力。

（3）给学生提供体育文化接受的方式

传统体育文化的传播活动通常贯穿整个学习过程，而这个过程往往集中在课堂之上。利用微信平台之后，体育教师可发布各种形式的教学资源，如体育文化背景资料、与体育文化相关的照片和视频等，这样一来就可以让学生在任何时间、任何地点都方便地学习和了解体育文化的相关知识。学生也可以在潜移默化中逐渐形成优秀的学习习惯。

（4）推动校园文化传播的发展

我们既需要看到微信平台在高校校园体育文化传播过程中所扮演的重要角色，同时也需要对这项工作开展的长期性、渐进性有足够清醒的认识。在高校校园体育文化的传播过程中，一些障碍与制约因素的出现，在某种意义上是难以避免的，这就需要我们在进行体育文化传播过程中，对具体的传播工作要进行深入分析，找到可能出现问题的地方，采取必要措施进行避免。高校在信息的反馈方面要将微信平台与传统意见箱、留言板等方式充分结合，只有这样才能实现信息反馈方式的多样化。此外，对反馈信息的分析工作与解决流程也要给予充分的重视。微信平台在体育信息的传播方面提供了足够便利条件，但同时也对高校回应师生普遍关注的问题提出了更高的要求，这一要求主要表现在时效性方面，高校相关单位对这些问题进行回应时，要注重时效性。

（五）运用短视频平台

短视频平台的兴起，改变了人们获取信息和娱乐的方式。尤其是抖音、快手等平台，已成为年轻人关注时尚潮流、获取知识、娱乐消遣的主要渠道。高校可以利用这一平台，通过发布有趣的体育文化短视频，吸引更多年轻人的关注和参与，提高校园文化的影响力。高校在推广体育文化方面，可以通过短视频平台呈现多样化的内容。例如，可以拍摄学生在校园内进行各种运动的场面，展示校园体育设施和活动的丰富性。同时，还可以制作与体育文化相关的短视频，例如介绍运动员的故事、讲述体育历史、分享健身知识等，让年轻人了解和认识更多的体育文化，增强对体育的兴趣和热爱。通过短视频平台，高校可以与年轻人更好的互动。发布有趣的短视频内容，可以引发年轻人的共鸣和讨论，吸引更多的关注和参与。同时，高校还可以借助短视频平台，组织体育文化活动，邀请年轻人参与，增强校园文化的凝聚力和活力。通过这种方式，高校可以更好地与年轻人沟通和交流，建立起更加紧密的联系。

（六）开发应用智能 App

1. 高校校园体育活动应用智能 App 的必要性

在当今时代，倘若在进行体育活动的宣传与传播过程中，教师还是局限在传统的宣传手段，就很难引起学生的注意力。当今大学生几乎每个人都拥有自己的手机，因此更多的学生更希望在获取体育活动信息时能够以手机的方式。当前与体育相关的 App 呈现出多样化的特点，因此学生们所下载的 App 也不尽相同，体育活动的信息传播无法实现统一性。

对此，高校开发自己的移动应用 App，提供有关体育文化的信息和服务，可以方便用户获取信息和参与互动。这不仅可以提升高校的品牌形象和知名度，也可以更好地服务学生和社会。高校可以通过移动应用程序，提供多样化的体育文化服务。例如，可以提供比赛日程、场馆预订、运动员介绍、赛事直播等功能，方便用户获取最新的赛事信息和参与互动。此外，还可以提供健身指导、运动计划、健康饮食等方面的服务，帮助用户更好地执行健身锻炼计划。移动应用程序可以提高高校的服务水平和用户满意度。通过移动应用程序，用户可以随时随地获取所需信息和服务，避免烦琐的线下排队等待。同时，高校还可以通过移动应用程序，实现用户数据的收集和分析，了解用户需求和反馈，进一步改进服务质量和提升用户满意度。这样的应用程序开发，也可以成为高校信息化建设的重要组成部分，推动高校信息化水平不断提升。移动应用程序的开发，为高校提供了更多的服务和互动方式，也为用户带来了更便捷的体育文化体验。高校可以积极开发和推广移动应用程序，提升体育文化服务水平和用户满意度，同时也为高校信息化建设作出更大的贡献。

2. 高校校园体育活动智能 App 功能设计

（1）体育教学课上课下内容的有效衔接

高校体育教学的主要目的是在向学生传授体育知识的同时，促进校园体育文化的繁荣和发展。在管理高校校园体育活动时，需要特别关注如何将课堂内外的体育教学内容有机融合，以达到更有效的管理效果。目前，绝大多数大学都采用必修和选修相结合的体育教学模式。同时，也有少数大学提供了在线选课的方式来对体育教学活动进行辅助。这种方式允许学生选择自己感兴趣的课程，也为他们提供了更多的灵活性。在设计高校校园体育活动智能 App 时，应当使选课模式变得新颖化，让学生可以在移动智能设备上轻松地完成体育课程的选择，从而更方便于学生们参与体育课程，如通过智能 App 了解体育课的上课时间、班级人数和教师姓名，并且还能够查看本学期体育课程内容、成绩评估等信息。智能手机 App 为大学生提供了加入与体育课程相关的讨论群的机会，大学生通过进行在线交流，可以更好地促进学习。智能 App 的应用有助于加强大学体育教师与大学生之间的联系，以及在课内外分享体育信息，实现体育教学效果的提高。

（2）秉承着终身体育观念创新体育课堂考核标准

高校校园体育课程的核心目的是协助学生掌握运动技能，鼓励他们培养良好的个人体育锻炼习惯，同时促使他们在学校期间，乃至毕业参加工作以后都能始终保持探索体育运动的理念。值得一提的是，有些学生表明他们对于参加高校校园体育活动缺乏主动性，很多学生无论是参加特定的体育活动还是进行必要的体育知识的学习，都是为了获取这些活动背后的学分。这也在一定程度上说明一些大学生对于参与体育学习并没有真正地拥有兴趣和激情，可以说他们对这些活动的参与仅仅是学分压迫下"无奈之举"。要让学生更积极地参与校园体育活动，就需要贯彻终身体育观念，持续更新体育课堂的评估方式。要想开展更为全面的评估，就需要综合考虑学生的各个方面表现，其中不仅包括学生的考试成绩与测试成绩等，还包括课外活动参与度、课堂平时表现等内容。在对学生进行成绩评估时，我们可以将平时表现的权重设置为 10%～20%，期末考试的权重设置为 40%～60%，素质考试的权重设置为 30%～40%。因为在当前智能手机在学生生活中占有重要分量，所以可以采用智能 App 来评价学生的课外活动成绩，记录学生在跑步时的相关速度信息、学生运动整体时间情况、学生在整个运动过程中所消耗卡路里等。

（3）为学生提供有关体育信息的查询功能

通过为学生查询体育成绩提供便捷的途径，可以逐渐激发他们参与校园体育运动的热情。一旦智能 App 记录了学生在校体育学习的历程和成效评估，学生们就会对校园体育活动的智能 App 产生浓厚兴趣，从而对有关校园体育活动的信息有更深的了解。采用智能化技术的校园体育 App 有助于提升体育教育的成果，扩大校园运动活动的覆盖面，促进校园体育文化的发展。通过使用智能 App，可以将原本的资源进行充分的整合，解决学生们在课外活动时场地不足的问题，提高校园体育锻炼的自由度和时间灵活性，满足学生们对校园体育活动的需求，进而营造良好的体育氛围。为了提高大学校园体育活动的宣传效果，我们可以在研发智能 App 时增加直播大学体育比赛的功能，以此扩大大学体育活动的推广范围。这样一来有助于大学生更全面地了解校内体育活动的安排和内容。

（4）加强学生体育锻炼的监督

在高校体育活动 App 的设计过程中，要注重监督功能的设置，这主要体现在对学生进行体育锻炼活动时的相关情况进行监测，赋予体育文化知识的传播智能化的特点。校园体育文化传播方式不能仅仅局限在单一的传播方式，要时刻秉持创新思维、创新理念，要引导学生充分利用微课这一方式，对一些体育锻炼的技巧进行有针对性的学习。教师还要帮助学生充分利用网络，将一些包含丰富体育知识的视频进行下载，这样一来学生就可以根据自己的时间进行自由学习体育知识。在设计高校体育活动 App 时，可以充分参考"keep"等运动软件，在 App 上增加体育锻炼的分享功能，这样一来学生就可以把自己的锻炼信息，比如跑步用时、卡路里消耗等分享到 App 上，再将体育 App 与学生的朋友圈等社交平台建立联系，就可以使得学生的体育锻炼热情得到极大的提升，从而在高校校园中形成良好的体育锻炼环境。

3. 高校校园体育活动智能 App 的实践应用

高校体育智能 App 主要的使用对象是高校师生，旨在为他们提供更好的校园体育活动服务。高校教师和学生可以注册登录校园体育活动智能 App，并将自己的基础信息填写到 App 上，为了方便与其他人交际，还可以为自己设置一个特定的昵称。他们可以使用该体育 App 发布与体育相关的信息。通过这种 App 平台进行信息共享，可以极大地促进师生信息的交互性流动，同时推动校园体育活动信息的更新。就高校校园体育活动智能 App 平台的信息监管而言，我们可以采用精准的伪信息识别技术，维护和提升 App 平台的建设质量，确保高校师生获得精准、全面、正面的校园体育活动信息。高校校园体育活动 App 必须建立在充足的资金与技术手段之上进行应用与实践。该体育 App 是顺应学校科技化与信息化建设的产物，也是社会发展的必然结果，它从体育文化分享方面给予了大学生更多的服务。该 App 不仅能够极大地促进当前时代高校校园体育文化建设工作，还能让学生在使用这种智能化设备的过程中，在提升自身体育技能的同时，也提升自身的创新精神与创新意识。

总而言之，为推广和发展体育文化，高校应当使用智能 App 来推动校园体育活动。在构思高校校园体育活动智能 App 的功能时，应坚持推广"终身体育"理念，促进高校体育课程与日常活动的紧密结合。需要打破以往在校园体育活动宣传方面的机械套路，鼓励高校向学生提供更为卓越的智能化体育服务。在开发高校校园体育活动智能 App 时，需充分考虑到学生们的体育需求，扩充 App 的体育功能，尤其是在查询功能方面给予学生更优质的服务，努力为学生们打造一个积极向上的体育锻炼环境。高校体育活动智能 App 的设计与推广，对于实现高校体育文化建设工作的科技化、智能化进程有着重要的意义与作用。

（七）构建高校校园体育文化网络传播的监管体系

1. 组建高校校园体育文化传播相关队伍

新媒体技术的传播和利用离不开专业团队的支持，因此组建高校校园体育文化传播队伍是首要任务。新媒体技术的传播需要专业人员的支持，也需要一定程度的监管，针对这些需要高校应加快相关团队的建设工作，成立体育文化传播部门，既要注重使用体育和新媒体技术方面的专业人才，也要注意相关监管体系的完善。

2. 制定高校校园体育文化传播相关制度

在建立校园体育文化传播团队后，需要制定相关安全措施和奖惩制度来保障体育文化传播工作的顺利开展。制定安全规定的主要目的是确保传播和互动的自由，同时也旨在减少并打击校园网络暴力。奖惩制度的实施旨在惩罚在校园中实施体育网络暴力的人，针对不同的传播主体制定具体的奖励措施，以激发高校师生传播体育文化的热情。

3. 完善高校校园体育文化传播的监管及反馈系统

为加强高校体育文化传播的管理水平，应建立基于高校校园网络的监管和反馈机制，并将这一反馈机制与线下制度相结合实施。首先，为了营造一个干净、健康的网络环境，应该优先加强校园网络端口的过滤功能，通过这种方式对一些消极的、不健康的体育信息予以阻隔。其次，要确保任何非法的体育信息不会在互联网上传播，为此要对网络上体育信息的传播进行实时监控。最后，要想实现线上信息交流、信息分析能力的综合提升，就要对线上平台在传播体育信息过程中所出现的问题进行总结，并且把握未来信息传播趋势，只有这样才能更好地保证高校体育文化传播平台的构建。

第三节　高校校园体育课的文化传播

一、体育课文化传播的特点

体育课是促进身心和谐发展，有机结合思想品德教育、文化科学教育、生活与体育技能教育于身体活动的教育课程，是实施素质教育和培养全面发展人才的重要途径。

（一）定期性

体育课是学生的必修课程，是学校课程安排的一项重要内容，这就决定了体育课文化传播的定期性。在中小学时期，体育课一般是一星期一至两节课，在大学时期，一星期通常有两个课时的体育课。体育课作为一门学科，它的定期性传播能让学生潜移默化地了解体育知识和进行体育训练，同时也有利于体育教学有步骤、有规律和更具科学性、规范性地进行。

（二）强制性

体育课作为一门课程，和其他课程一样具有强制性，其主要体现在：一是学生必须在规定的时间去上体育课。作为一门课程，体育课受校纪、学生管理处罚条例的保护。旷课、扰乱体育课堂秩序、迟到等行为，将受到相关条例的处罚。二是体育课也存在考试制度，大学时期体育课是必修课程，每学期都设有学分。学校通过考试来督促学生进行体育学习。

（三）选择性

各高校应结合自身实际情况根据我国《体育与健康课程标准》（下文简称《标准》）的规定进行选择性的教学，教学内容并非是死板的，因此高校在体育教学中既要注重合规性，也要关注学生的需求，在《标准》规定的学习目标、学习原则、学习内容的范围内进行选择，特别是在制定具体教学方案时要充分考虑本校学生特点，做到有的放矢。

二、体育课文化传播的价值

（一）对高校校园体育文化起主导作用

高校校园体育文化的建设必须有师生的参与，作为主体的高校校园体育文化离开师生即一种虚设，毫无实际意义。学生参与体育活动的前提是自己拥有体育方面的一技之长，而且这种一技之长并不是天生的，它需要后天的培养与指导，由此也就决定了体育文化传播的重要性。而作为校园体育文化传播途径之一的体育课是学生从小学到大学的必修课程，不管是出于愿意还是不愿意，每个学生都必须把它当成一种学习任务来完成。学生经过长期的累积，自然就能掌握某种体育锻炼技能，而这种运动技能就是今后他们参与课外体育活动的主要内容。不管是出于应试动机还是对课余体育锻炼的热爱，体育课上所学的运动技能将在一段时间内成为校园体育文化的重要内容。由此来看，体育课的文化传播确实影响到了整个校园体育文化的构成内容，而且主导着其文化的形成。

（二）培养人们的自觉意识

作为高校体育文化传播的一种方式，体育课程对学生的影响是非常重要的，因为它可以唤醒学生在体育文化方面的自我认知和意识提升。

体育课虽然具有强制性的特点，但是体育课的主要目的是通过校园体育活动，激发并传递给学生健康的体育思想，引导他们欣赏和认同体育文化。一旦学生形成了体育文化自我意识，他们就会产生一定责任意识。正是这种责任意识使得他们主动肩负起传递体育文化的任务，学生在体育课程中对于一些课程当中的非体育文化也会充分吸收、传递，这样一来就使体育文化发展的同时，也促进了文化多元性传播。这种明显的自觉意识，可以使学生在学习中保持对校园文化的认同，并且这种校园文化也会在学生毕业进入社会仍发挥重要影响。

（三）促进师生交往，有效传递文化

体育课的传播过程实际上就是师生间的一个交流过程，他们围绕某一个体育主题，在特定的时间段里（上课时间）进行一对多或一对一的交流。教师既要在课上对理论知识做到准确充分的讲解，也要注重本身的示范作用，还要在教学生尊重学生的主体作用，引导学生自主参与校园体育文化的传播。校园体育文化和学生之间是互相影响、互相渗透的，学生是校园体育文化的传播者和参与者，文化环境又会在潜移默化中对学生的思想产生作用。同时，师生间以体育课当作纽带，通过长期接触和交流，感情更加亲密，交往也更加和谐。

（四）增进学生身体健康意识和心理健康水平

在当前社会，由于国家十分重视人民的健康问题，并出台相关措施，所以"健康第一"的观念逐渐在人们心中形成，体育课程也不是像过去那样仅仅是一场游戏课程，而是一项需要提升学生的体育健康意识的重要工作。学生在体育课程上，不仅需要学习有关保持身体健康的体育知识，强化自身的身体素质、体能水平，还要在充满和谐与友爱的课程中，体会人与人之间的包容与温暖。学生通过体育课的学习，能够形成坚强的毅力与精神，在面对困难时能够拥有自我调节、自我缓解的能力，并

且能够在不断努力的过程中，形成自己的自尊心与自信心，在生活中永远保持乐观向上的心态。

三、体育课文化传播的策略

（一）显性传播

体育课文化传播不仅要依赖于教师，还要考虑场地、设备等关键因素，合适的场地和设备可以使教学效果大大增强，丰富的场地使用和设备使用也可以让学生产生新鲜感吸引学生投入体育课的学习中。体育课教学中，教师在场地的选择方面不局限于教室和操场，可以尝试多媒体教室或者户外公园等，在教学过程中要注意体育教学器材的更新换代。在体育教学过程中，体育教师担当的不仅是体育知识的传播者，他们还是体育教练，可以说，体育教师是一个多功能的传播"窗口"，通过这一"窗口"学生可以直接学到很多体育运动技能和体育知识，特别是当前的教学模式发生转变以后，教师不再是单纯实施课程的"工具"，也不再是课程的"使用者""消费者"，而是更加贴近学生，了解学生所想，解决学生所要的指导者和陪伴者，因而教师的传播效果就更加明显了。

1. 通过体育教师传播

（1）体育教师在校园体育文化传播中的作用

① 促进校园体育文化的多样性

时代的发展在高校中注入了丰富的活力，在高校体育教师工作的推动下，学生们充满了青春的气息，呈现出朝气蓬勃的整体面貌。大学生大多对未来充满了向往和憧憬，这促使他们心怀动力，不断前行。高校的体育教师在推动高校体育工作方面具有重要的作用，也正是因为高校体育教师存在，才使得高校体育文化的多样性得到进一步的提高。

② 促进校园体育文化的社会性

高校体育教师在教授学生体育课程过程中，给学生应传达积极健康的体育思想，并且鼓励学生主动与社会进行充分融合、接触，并且积极引导学生将社会文化中优点融合在校园体育文化之中。使高校校园体育文化充分展现社会属性。由于高校很多体育活动本身就需要各种社会因素的参与，或者需要社会的帮助，高校多举行这类体育活动，能够使学生的社会实践能力与实践水平得到提升。这也能为学生以后进入社会进行工作与生活打下重要的基础。

（2）体育教师在高校校园体育文化传播中的影响

① 推动学生形成良好的体育观

体育观是指个人或群体对体育的一种态度或看法，包括对体育的价值、意义、目的、影响等方面的认识和评价。它是人们对体育现象的总体理解和态度。体育观念是一种理念体系，它既代表着人们对体育运动的认识，同时也是推动人们积极参与体育活动的力量源泉。体育观是学生进行体育活动参与校园体育文化传播的根本动力，也影响着校园体育文化的进一步发展。学生体育观的形成离不开教师的影响，教师是信息的传播者，具有一定的引导作用，因此教师的专业水平和职业素养高低决定着校园体育文化传播的效果，高质量的教师队伍为校园体育文化的传播奠定了良好的基础。

② 激发学生参与体育竞赛和体育活动的兴趣

高校校园体育文化在内容维度上展现极大的丰富性，高校体育教师通过指导学生积极参与体育活动，并且鼓励学生参与体育竞赛活动，从而激发学生内心潜在的体育兴趣，促进他们形成终身锻炼的良好体育观念。学生良好体育锻炼兴趣的形成，对于学校体育活动的开展有着重要影响，也加快了高校体育文化建设的相关工作进程。

③ 激发学生对体育美的欣赏与追求

所谓"美育"是审美教育的简称，这种教育方式在培养学生的过程中主要聚焦学生对美的创造与感悟。体育教师指导学生进行体育锻炼，增强学生对强健身体的审美感受，让他们对这种外在美有充分的认识；同时，还要在体育课堂上给同学们提供完善的体育知识体系，这便是与外在美相区别的内在美。体育教师对于学生而言，既是师长也是榜样，而教师往往是结合了外在美与内在美的个体，体育教师时刻对学生予以垂范，能让学生更加深刻地体会到体育美的价值与内涵，可见教师的榜样作用对于在校园中传播体育文化也十分重要。

2. 通过高校体育场馆传播

体育场馆是进行体育活动的场地，在学生进行体育活动时体育场馆可以对学生产生潜移默化的影响，高质量的体育场馆可以吸引学生参与体育活动，丰富校园体育文化建设，增强学生的体育学习兴趣。因此在体育场馆的建设过程中既要考虑到实用性也要充分挖掘学生的兴趣点，根据当代学生的重点关注内容来设计体育场馆，通过丰富多彩的外观吸引学生，促进高校体育文化的传播。

（二）隐性传播

1. 通过学生个性传播

当代体育教学更注重学生的个性化需求，建立体育教学与学生生活的联系，让学生可以做到学以致用。如此一来，学生的个性及兴趣在体育课堂得到了加强；同时，学生的主体地位在更大程度上得到了体现。这说明新课程标准下的体育课的文化传播方式已经不仅仅是教师个人的主观意愿体现，也不再仅由教学大纲来详细安排，学生的个性及兴趣方向在很大程度上能够决定体育文化内容的传播，而且以学生兴趣为中心的体育课更容易为学生所接受。兴趣是最好的老师，只有让学生对某种体育项目产生足够的兴趣，他们才自发地学习。所以说，虽然体育课的内容是由学校及体育教师所决定，但实际上学生的个性及兴趣才是体育文化传播内容的根源。

2. 通过体育课堂环境氛围传播

体育课堂环境氛围是由多方面的因素组成的，它包括教师的素质、课堂纪律、教学环境等。一堂成功的体育课首先要具备良好的教学环境，在一个器材摆放有序、场地布局合理的环境下进行体育教学，则学生一开始就会认同这是适合体育学习的环境，以最短的时间投入体育课的学习。同时，教师素质的好坏是不可忽略的，因为教师的一句话或一个动作都是一种传播源，很容易被学生模仿。一位品德高尚的体育教师，应当通过超然的气质来征服学生。此外，课堂纪律也是至关重要的，只有严肃的课堂纪律，才能让学生认真地进行体育学习，加速体育文化的传播。

第四节　高校校园体育活动的传播

一、高校校园体育活动传播的特点

（一）灵活性

虽然新课程标准赋予体育课程传播更多的灵活性，但作为一门课程，总是要遵循学校体育教学的安排，而学校体育活动表现出了它特有的灵活性，它可以随时因情况的变化而改变活动的内容。此外，学校体育活动的灵活性还有丰富的体育活动内容作为基础，它能灵活运用众多校园体育活动传播途径，从而更大程度地满足学生的体育需求。学校体育活动在不同地区、不同民族有其不同的体育文化特点，我们可以根据其特点灵活利用，不拘泥于教学大纲的安排。这样就能更大程度地激发学生学习的兴趣，让学生选择自己喜欢的体育项目进行体育学习，养成体育锻炼的习惯。此外，学校还可以根据季节的变化组织相应的体育活动。

（二）多样性

高校校园体育文化传播的主要途径是行为语言传播，依靠各种体育活动来传达体育知识、体育精神、体育道德观等。而校园体育活动内容的多样性决定了其文化传播范围之广泛。在学校，有各种体育社团定期或不定期地举行各种体育活动，如三人篮球赛、多人绑脚比赛、拔河比赛等。此外，学校也定期举行体育活动，如学校田径运动会、各种球类比赛等。可以说，学校的体育活动层出不穷，但不管是什么样的体育活动，都有其潜在的体育文化内涵，这表明无论学生参加什么样的体育活动都能从中学习到体育文化知识。所以，作为体育文化的传播者，可以利用高校校园体育活动的多样性来实现多渠道传播，与体育课程的传播方式相比，它的传播途径更为多样。

（三）普遍性

学校体育活动的普遍性是以其多样性和灵活性作为基础的，在校的学生可分为不同的体育群体，他们对体育的要求不一致，有的喜欢娱乐，有的喜欢健身活动，有的喜欢竞技活动。但学校体育课程安排是固定的情况，显然，面对大众学生，这一固定的课程安排无法满足所有学生的体育愿望，只能代表学校体育文化的主流。而学校体育活动所具有的多样性和灵活性则能更好地满足学生的需求，不论是哪种体育群体的学生都能找到自己喜欢的体育项目。由此一来，高校体育文化通过体育活动得到普遍性的传播，这是和高校体育面向全体学生的原则相符的。

二、高校校园体育活动传播的价值

（一）丰富高校体育文化

现在的高校体育活动不再局限于增强学生的体质，它已经成为真正意义上的文化活动。根据文化要素来划分，高校校园体育文化可分为意识文化、行为文化和物质文化三个部分，高校体育活动以传播高校校园体育文化为基点，将这三种文化渗透其中，对学生进行潜移默化的教育。同时，学校体育活动是将体育理论用于实践的平台，是帮助学生身心得到调整的一个有效的方式，也是学生施展自己才华的舞台。因此，通过传播学校体育活动，号召更多的学生参加体育活动，用健康有效的方式来消除学生学习的压力。此外，在这一体育活动过程中，学生可以学习到锻炼技能、体育精神、体育规则等，从而更深层次地了解高校校园体育文化。

（二）增强学生的终身体育意识

我国有上千万在校大学生，可以说，把握了大学生的健身体育活动，也就推动了全民健身。高校学生的身体和意识都在建立和发展的阶段，因此要注重对学生意识的影响，加强学生对体育价值的认识，重视高校阶段学生体育意识的培养。所以，在高校进行体育活动传播是非常有必要的，首先，长期的体育活动传播有利于终身体育习惯的形成。其次在进行体育活动时学生可以丰富体育理论知识，并将理论和实践结合，从而体会到体育运动的价值，形成终身体育能力和意识。

（三）完善高校体育课程

高校体育活动本质上是体育课的延伸，体育教学的绝大部分内容都是竞技运动的技术、技能，要掌握这些内容必须经过反复的身体练习。但课堂时间非常有限，学生的技术掌握水平不可能在一星期才两个课时的时间里就快速提升，但通过学校课外体育活动，学生可以对课堂上所学内容加以巩固，这种方式在时间上灵活性很大。此外，当代学生对体育知识面要求越来越高，而高校体育活动作为一个"大课堂"，它拥有丰富的体育知识资源，可给学生提供更充分的选择空间，学生在课堂上学不到的东西，也可以通过学校体育活动来实现，所以，加强学校体育活动的传播本质上也是对体育课程的内容以及教学目标的完善。

三、高校校园体育活动传播策略

（一）开展体育竞赛

在 20 世纪初期，国外的一些专家学者就提出竞技体育对于提升公民素质有着重要的作用，不仅如此，竞技体育还能使得一个国家的人们形成一种精神崇拜文化。青年人积极开展竞技体育能使他们提升自身的信心，强化意志力等精神品质，在进入社会之后，能够更从容地面对社会中的各种困难。近些年来，我国致力于学校竞技体育水平的提升，在几十所大学、近三百所中学开展试点工作，在这些学校培养高水平的运动队，并且组织大规模的全国学生运动会这些举措有力地推动了各大高校竞技体育水平的提升，促使更多学生不断强化自身的综合素质。竞技体育的开展提升了高校体育教育在高校教育中的重要地位，与此同时也有效地推进了高校体育文化的传播工作。校园内的各种体育竞赛是高校校园体育文化不可缺少的一部分，也是一种独特的教育方式，比如通过体育竞赛，培养学生的竞争意识以及良好的社会道德与合作精神。目前，很多学校都非常重视学校体育竞赛的建设，在每学期举行各式各样的体育竞赛，取得了良好的育人效果。

（二）鼓励体育社团活动

1. 高校体育社团与校园体育文化的关系

（1）体育社团是高校校园体育文化的重要载体

高校体育社团对于高校开展校园体育文化建设有着重要的作用，主要表现在高校体育社团可以有序地组织各种体育活动，学生通过参与这些体育活动，能感受到这些体育活动背后所蕴含的体育文化，在气氛相对欢快的活动中，大学生的个人运动意识、运动素质也得到显著的提高。对于大学开展体育活动而言，体育运动能力的提升、体育文化知识的获取很大程度上是通过这种载体实现的，此外，大学生在体育社团中参加各种活动，还能有助于充分提升、优化自身的价值取向与思想道德水平。高校体育社团作用的发挥往往不是显性的，而是在一种潜移默化的氛围中实现的，而大学生的价值观也能够在社团活动中得到塑造。高校体育社团组织的很多活动都是团体性质的，因此大学生在这些活动中可以形成良好的合作意识，培养自身不断进取的态度。综上所述充分发挥高校体育社团在各种体育活动中的价值，更有助于和谐文明的校园氛围的构建。

当前，高校学生面临着种种学业压力，所带来的直接影响便是一些运动难以有效开展，对于这种现象来说，高校体育社团是一种很好的解决方式，学生在学习生活之余，参加社团组织的活动，能够使自己的身心得到充分的放松。很多高校体育社团组织的活动都十分多样化，能使学生自身的个性得到充分的发挥，实现自身体育素质与文化素养的综合提升。高校体育社团的另一个显著优势是具有极大的包容性，这种包容性体现在它对于不同学生的容纳，不同专业、不同年级以及具有其他属性差异的学生都能参与其中，学生能在高校体育社团中实现充分的交流，而高校校园体育文化也在社团活动的开展中得到充分的传播。

（2）体育社团文化是校园体育文化的重要组成部分

高校体育社团文化是高校体育社团在举行各种社团活动时，所形成的体育运动物质财富与精神财富的总和。高校学生在积极参与社团举行的各种活动的过程中，能在一定程度上促进高校体育文化的构建与传播。高校体育社团文化作为一个组成要素，既是社团文化的重要组成部分，也是体育文化的重要构成因子。因为高校社团文化具有种种优势与特性，所以它在校园文化中具有重要的地位。随着社会的发展以及科技水平的进步，高校体育社团的种类、数量也显著增长，高校体育社团活动在高校中所覆盖的学生与教师人群也越来越广，从这个角度上来说，高校体育社团文化对于高校校园体育文化具有重要的推动作用。

2. 高校体育社团对校园体育文化传播的影响

（1）促进校园体育文化传播

高校体育文化是高校校园文化的重要组成部分。高校体育文化作为高校校园文化的代表，对学生各种活动的开展都具有积极的引导作用，同时也帮助学生进行世界观、人生观、价值观的塑造。学生始终是高校校园体育文化建设与传播的主体，高校相关体育社团所举办的活动要充分符合学生的兴趣，除此之外，还要在活动中展现积极健康的体育文化，这样一来就能与周围的人一起促进高校体育文化的传播。学生在参加高校体育社团所举行的活动中，可以从繁重的课业中抽离出来，使得自身的青春与活力充分释放。高校社团所举行的各种活动展现出的显著特征有：趣味、多样、新颖等，这些特征与大学生对于体育生活的追求有着高度的一致性，学生在这些活动中，可以释放自己浓郁的生命热情，并且可以更为积极主动地传播高校社团活动中所蕴含的体育文化知识，这样一来就极大地促进了高校校园体育文化的建设与传播。

（2）促进学生文化素质全面发展

对于体育教育来说，体育社团这种组织起着明显的补充作用，高校体育社团可以在体育课程教育之余，带动学生更积极地参与体育活动。在高校体育社团中，很多社团活动都是符合学生的兴趣的，对于学生的体育需求能给予极大的满足，学生通过参与体育社团举行的各种各样的体育活动，如乒乓球、篮球等，能够实现自身素质的全面发展。高校学生在参与体育社团的过程中，可以学习和掌握各种各样的体育锻炼技能，极大地丰富自身的体育文化知识体系，使体育素质得到充分的提高，从而顺应国家与社会对学生多种素质提升、全方面发展的要求。体育社团构建的重要原则便是以人为本，以充分满足当代大学生的需求为重要目的，让学生在参加一系列体育活动的过程中，感受积极健康的校园体育文化氛围。学生参与体育社团的体育活动，可以使自身变"被动"为"主动"，在活动中积极地展现自身的创造性。许多体育运动都蕴含着丰富的体育精神，可以让大学生在掌握技能的同时，形成良好的精神品质，从这个意义上来看，参与高校体育社团活动，也有利于实现大学生全面文化素质的提升。

（3）促进校园体育文化与体育社团持续发展

高校体育文化与高校体育社团的发展之间并不是孤立的、分离的，相反，两者应当是紧密联系在一起的。为了实现高校体育文化更有效的发展，就需要积极开展体育社团建设，不仅需要对体育社团的外在形式、种类进行丰富，还需要实现体育社团的内在属性优化，通过为社团注入符合学生需求与发展的因素，从而激发学生参与体育社团的热情，使得更多学生参与到社团之中。高校体育社团的活动开展，增强学生的基本体育技能仅仅是一项基本任务，更深层次的要求是实现高校学生优良品质的全面提升。在这一要求下，高校体育社团要在举行体育活动之余，积极开设体育知识主题讲座，让学生更加科学地看待体育活动，还可以举行与体育活动相关的主题晚会，鼓励学生积极传播体育文化。高校体育社团通过举办各种各样的活动，在校园生活中展现出了极高的存在价值，也正因如此，体育社团的构建工作在很多高校中越来越成为热门工作。各个高校的领导人员，期望通过支持和鼓励高校体育社团的建设，从而使这些体育社团发挥积极带动作用，在高校校园中形成良好的文化与心理氛围，促进高校校园的和谐与健康发展。为了实现高校体育文化的繁荣，高校体育社团在建设过程中就需要展现自身鲜明的特色，要努力做到技术培养、素质提升、趣味构建的有机融合。高校还要充分鼓励一些具有专业体育运动技能的教师参与到高校体育社团的工作之中，除此之外，高校体育社团应充分吸纳体育特长类学生，从而更好促进校园体育文化的发展。

3. 高校体育社团组建措施

（1）完善规章制度，加强制度建设

对于高校社团文化的健康发展来说，对高校社团进行综合化的管理是必不可少的重要内容。我国各大高校的体育社团大多采用以学生自己管理为主的管理方式，这种管理方式虽然具有较大的灵活性，但是也会不可避免地出现各种管理问题。体育社团的管理不当对于体育文化的健康发展、高校和谐校园的建设都有着极为消极的影响。鉴于这种情况，高校中各个社团管理部门、高校行政部门都要对体育社团的运行与管理事项进行必要的干预，通过加强与社团之间的紧密联系，从而给予体育社团必要的引导。没有规矩不成方圆，为了实现高校体育社团的良好发展，高校相关部门要出台一定的规章制度，既要对社团良好的发展进行必要的奖励，又要对体育社团不良的管理行为，给予一定的惩罚。在体育社团内部，要"选贤举能"，推选那些具备卓越领导才能的人，担任体育社团的负责人，并且对于体育社团的各个组织部门要进行权责细化。具体到某个体育社团，要明确自身独特的社团文化，建立完善的社团内部制度，还要在后续的社团管理工作中继续深化这种文化，促进社团的健康运行与发展。学校在对社团进行统一管理的过程中，要将相关管理、规范体系化，使得社团相关管理工作变得条理清晰。社团在举行相关活动时，要充分遵循学校的制度安排，也要符合自身社团管理的制度设置，比如一些社团招新活动，社团之间的交流互动，都要明确活动流程，使其有条不紊地进行。

（2）提供物质条件，整合多方资源

高校在开展体育社团的建设工作过程中，要为社团的发展提供必要的物质条件基础，给予这些社团充足的经费支持，此外，由于体育社团总是要举办各种比赛与活动，因此在这些社团的场地需求，高校相关管理部门也要简化审批流程，确保这些活动能够有条不紊地展开。高校要充分发挥自身的广播资源优势，为本校的体育社团的活动进行广泛的宣传。同时体育社团的相关管理人员要在开展相关活动的过程中，对学校提供的各种资源进行精细化使用，对于资金的分配要尽可能权衡处理。体育社团与其他社团之间也要开展密切的合作，对于一些重复使用的资源进行有效的互换，从而使得各种资源能够被最大化利用。

不仅要对校内的资源进行充分利用，同时对于校外资源的利用也要给予足够的重视。社团组织成员可以充分利用社会的各种资源，发挥个人的智慧与能力，与社会上的企业建立合作，在获得一些企业提供的资金赞助的同时，也应积极为企业进行宣传活动。有些社团活动需要在校外开展，与一些企业建立良好的合作，可以在这些企业的支持下，以更可观的价格获取一些场地的使用，这样一来可以保证体育社团活动的有序开展。

（3）提高社团干部素质

高校体育社团的良好发展在一定程度上是与社团内的人才质量息息相关的。高校体育社团自身的发展需要高质量的人才；而对于整个校园体育文化的有序传播来说，人才也是极其关键的因素。体育社团干部通常引领着体育社团的发展，他们往往是社团内部的管理者、组织者，他们的言谈举止都会在不同程度上影响高校体育社团的发展。因此高校社团干部的推选工作是极为重要的环节，这项工作既需要保证在公平公正的原则下进行；同时也要让学校的相关领导进行监督，完善选拔机制，只有这样才能挑选真正有利于体育社团发展的干部人才。但是需要注意的是，社团毕竟是由学生成立的组织，其中的干部也是学生，这些干部人员相对缺乏一些专业的素质，对此，高校要对这些学生干部进行必要的培训。使其明确权力与责任，全面提升他们的管理才能，提高他们的自信心，从而让他们能够以更加饱满的状态，引领体育社团的发展。

（4）开拓社团的组建方式

在当前，我国高校体育社团的组建方式还缺乏多样性，在方式的呈现上还相对单调。为此高校相关领导、负责人要鼓励本高校社团的组建工作多样化与开放化。可以建立校企合作机制，学校中一些技术要求较高的社团组织可以和社会上的相关企业建立合作，邀请这些企业中的专业人士参与社团建设。比如跆拳道社团在组建过程中，就可以邀请本地知名跆拳道场馆中的教练员，为学生的体育活动给予必要的技术指导。再比如一些舞蹈社团，如果没有专业人员的指导，学生举行活动缺乏系统性，也存在一定的风险，因此可以让社会上的专业舞蹈人士，对高校舞蹈社团提供帮助，这样一来也能充分激发学生开展社团活动的热情与积极性。此外，体育社团应该是多种多样的，因此在组建社团的过程中也要充分考虑各个体育社团的鲜明特点，从而以更加符合自身的发展的方式开展活动。

高校体育文化是高校文化的关键组成部分，高校体育文化的发扬，也有利于和谐稳定校园环境的建设。在建设高校体育社团的过程中，积极传播高校体育文化，以优秀的文化作为社团发展的动力，通过开展一些社团体育活动增强学生体质，强化学生素质，还能推动高校学生良好价值观的构建。可见高校体育社团为高校体育文化的传播提供了良好的平台与媒介。

第六章　高校校园体育文化发展与创新

社会的快速发展以及精神文明需求的增强对教育的改革提出了新的要求，高校体育教育也应作出相应的改革与创新，特别是在体育文化教育上，应进一步加强体育文化建设，提高体育文化创新意识，探索新的体育文化教育路径，为高校的校园文化建设增添新的内容。高校体育文化发展应以校园环境为依托，以具体的教育实践为向导，在实践中丰富体育文化建设的内容。高校校园体育文化发展创新是高校打造良好校园环境、推动社会主义文明建设的重要举措。本章主要从高校校园体育文化的发展现状与趋势、美国校园体育文化发展对我国的启示、高校校园体育文化的发展创新三个方面介绍了高校校园体育文化发展与创新。

第一节　高校校园体育文化的发展现状与趋势

一、高校校园体育物质文化的发展现状

物质文化是高校校园体育文化发展的基础保障，缺少这一物质基础，

体育活动无法正常运行。对于高校体育来说，物质文化有着多种多样的形式，例如体育运动过程中必不可少的体育器材和基础运动设施，或者具有陶冶情操、提高学生体育文化意识的体育标语、雕塑，还有体育图书、影像资料等，这些物质文化都是高校校园体育文化的重要基石，也是体育文化建设必不可少的元素。这些客观的外在实物在潜移默化中深入学生的内心。如体育场地和器材等都是师生参与体育教学活动和课余体育活动的重要基础，是改善和提高学生物质文化生活的基础设施，其建设状况、设计水平和文化内涵都能反映学校校园体育文化的发展水平。

（一）高校校园体育场地设施现状

体育场馆、器材等设施是体育教学活动开展的基本载体，因此，其质量状况直接影响校园体育文化的发展。

通过对部分高校进行实践考察和调查统计后发现，多数高校的体育场馆、器材不仅不能达到教育部规定的相关标准，而且也无法达到满足体育教学、课外体育甚至运动训练和竞赛需要的要求。这势必会阻碍校园体育文化的整体发展。

优质的体育物质资源有限，必然导致课余体育锻炼中场馆器材的紧张和不足，这样的校园体育物质条件根本无法有效培养学生的体育健身意识和习惯。造成当前我国大学体育场馆、器材不足的原因主要有以下几个方面。

（1）我国幅员辽阔，因此在经济发展的过程中难免会出现地区不平衡的情况。在此情况下，各地各级领导对大学体育的任务、目的、地位的认识有诸多偏差，甚至有高校毫不重视高校体育文化的开展，放任自流，这种态度使高校不注重体育方面的投入，因此体育场馆、器材难以使学生的体育需求得到满足。

（2）高校为追求短期利益和荣誉，提高知名度，往往只重眼前，牺牲大部分学生的长远发展以换取学校在高等教育市场中的有利位置。另外，盲目扩招也使高校体育优质资源变得紧张。

（3）许多高校的体育场馆、器材比较齐全，但是在运行过程中，设施的维护保养费用支出相当可观，因此便以减少向学生开放的次数，甚至不在重要时刻根本不开放的方式应对，这也是高校体育场馆、器材不能满足学生锻炼需求的一个重要原因。

（二）高校校园体育物质环境现状

高校校园体育物质环境直接影响学生的体育兴趣和体育参与动机。校园环境与学生的生活、学习息息相关，学生每天都身处校园环境之中，因此高校体育文化建设首先应从校园体育物质环境建设入手，通过建设良好的校园体育物质环境来营造积极的校园体育氛围，对学生产生潜移默化的影响，激发学生更深层次的体育文化意识，进一步领悟到体育文化的价值。

调查发现，大部分高校还未形成良好的体育物质文化环境，还未形成体育物质文化环境的创造意识。在现代信息化社会环境下，学生主要通过体育图书资料和网络资源来了解和接触体育相关信息，但是只有少数高校会将学校的体育信息主动放到校园网和学生论坛中。同时，也只有少数几所有体育雕塑，在校广播和宣传栏中宣传相关体育信息、在校园官方网站上登载体育新闻的高校寥寥无几。高校体育文化物质建设的创新十分重要，但是，当前大部分高校在体育物质文化建设上还是采用比较传统的手法，宣传方式过于单一，宣传内容也缺乏创新，很难对学生产生吸引力，无法有效彰显校园体育文化的活力和价值，因此高校应进一步加强校园体育文化物质环境的创新建设，开拓思维，探索更加适合于当代学生的宣传途径和宣传内容，积极加强校园体育物质文化建设。

二、高校校园体育精神文化的发展现状

实践证明，良好的高校校园体育文化氛围，可以使校园变为一个在一定区域内集成的具有普遍自觉性的体育文化小群体。每一个身处这个小群体的人都具有普遍相似的体育观念和体育行为。而更多加入这个群体的人均会被这种氛围所感染，受他们影响，小群体的新人也会接受这些良好的体育观念和体育行为，进而会有更多人被吸引到这个群体之中，最终充分发挥与实现体育的教育等功能。由此可见，高校校园体育精神文化是校园体育文化的核心。

下面主要从体育观念、体育道德等方面来探讨校园体育精神文化的发展现状。

（一）体育观念现状

观念对行为有着指导的作用，只有高校师生能够拥有正确的体育观念，才能促进高校体育的发展，才能使高校师生在体育文化建设中采取正确的行为，体育观念主要是通过高校师生对于体育活动的价值的认识来体现的。体育活动不仅是高校不可或缺的一项课程，还在学生的身体素质提高、个人意志培养和心理健康促进等方面发挥着重要的作用，可以在健身、娱乐等方面影响学生的校园生活。

目前我国高校学生对于体育的价值有一定的认识，但是大多停留在较为传统的角度，缺乏深层次的了解，所以学生对于体育观念也是一知半解，无法清晰地表达出来。此外，很多学生甚至是体育教师都无法清楚阐明体育观念的具体内容，只有少数师生可以将持有的体育观念付诸行动。调查中还发现，很多离退休职工在晚年生活当中，由于认识到了体育对于身心健康的重要性，反而能够对体育在人的生理、心理健康中的作用、方法等有一个较为清晰的掌握，并且长期坚持体育健身的人群

中离退休职工占有相当高的比例。离退休职工采取的健身方式主要为晨走、散步、秧歌舞、跑步、健身体操、太极剑、太极拳、太极健身球等。

总而言之，学生的体育观念较为正确，但是缺乏内涵、基础不扎实。令人欣慰的是，学生的可塑性很强，只要稍加引导，并对相关内容加以辅导和学习，就可以使他们理解体育乃至体育文化中更深层次的内容。而在当前社会竞争日益激烈、校园体育与社会体育日益接轨的环境下，学生的体育观念如果仍停留在原有基础上，就很有可能会失去对体育运动的兴趣，更严重的是，如此一来高校校园体育精神文化环境的建设与发展也只能停留在表面，无法取得深远发展。

（二）体育道德现状

随着社会的快速发展，人们的物质生活水平有了显著的提升，在当前社会环境下我们更应该重视精神文明建设，道德建设是精神文明建设的重要内容，高校应该通过教育手段来正确引导学生的心理道德建设，提升学生的道德水平。实践证明，高校校园体育文化对提高学生体育道德具有独特的作用。学生的道德水平在体育运动中可以有所体现，因此便有"要想打好球，先要做好人"的说法。道德素质是人文素质的一部分，学生的体育道德培养有利于学生整体人文素质的提升，同时，体育道德也是学生对体育以及体育价值的理解的外在表现，是一种客观的素质。尤其是在团队性体育运动中更是展现得淋漓尽致，如在足球比赛中可以通过学生的责任感、公平意识、规则遵守情况等观察学生的体育道德情况。

体育道德主要体现在体育活动的竞技精神中，人们在开展体育活动时讲究公平竞争、遵守规则的精神，在体育比赛中常常要求选手们要赛出风格、赛出水平，因此可以看出，体育比赛要以公平公正、积极参赛、重在参与为主，我国的高校大学生在体育道德方面有着良好的基础，在参加比赛时往往都会摒弃个人功利主义，以集体荣誉为重，并且在比赛过程中尊重对手、尊重裁判、尊重规则，充分发扬体育精神，通过合理合规的方式来展现个人竞技水平。高校学生的体育道德还体现在学生之间团结友爱、互帮互助的精神上，学生在参加体育比赛时通常都会产生较强的集体荣誉感，可见，开展体育活动有利于增强班级的凝聚力。高校是培养学生个人素质的关键场所，因此高校体育道德素质的培养也应当受到重视。但是，我们也应该认识到，在开放的校园环境中，学生会因为受到家庭、学校、社会等各种复杂因素的影响，而在体育道德方面表现出一些不足，如学生在体育运动表现出来的自私自利、缺乏责任感、缺乏团结合作精神、以自我为中心、不尊重裁判等。因此，我们要根据当代学生所处的成长环境，深入了解他们的成长经历，了解他们的心理需求，对他们进行科学合理的体育道德法制教育，充分利用体育文化氛围来感染和影响他们，从而促进其体育道德水平的提高。

在体育运动中大多数学生可以做到遵守规则、服从裁判和尊重对手，但他们在体育运动中的创新能力较弱，使他们的体育活动符合"规规矩矩"的标准，这显然不利于他们创新思维的发展。因此，在今后的校园中应当营造强烈的体育创新文化氛围，要求学生在运动过程中积极思考，发挥自己的聪明才智与想象力。

三、高校校园体育制度文化的发展现状

高校的校园体育活动必须遵循一定的规范和制度，因此高校校园体育制度文化是校园体育活动的根本，同时也是高校体育意识的表现。可以说，几乎所有与体育教学活动有关的事物都有体育制度的存在，它的作用主要是约束和指导体育活动行为。

高校体育活动的有序开展需要有相应的管理制度作保障，因此校园体育文化的传播离不开校园体育制度的建立，完善的校园体育制度是校园体育活动有序开展的保障，同时制度文化建设可以进一步规范学生的

体育意识，使学生养成良好的体育活动习惯，有助于校园体育文化的健康、广泛传播。在活动中，它成为约束与规范学生体育行为的基本原则，也正是由于受到这些体育制度的约束，学生才能在这种"局限"下慢慢养成依规行动的意识和习惯。在现代社会，法律就是制度，因此校园体育制度文化有利于培养学生的社会适应能力和遵守公共道德的素质。下面主要分析校园体育传统和校园体育制度的发展现状。

（一）体育制度

高校体育制度从建立到执行离不开各部门的协调配合和统筹发展，高校体育活动涉及到各个方面，需要投入一定的人力、物力、财力，因此体育制度也需要包含这些部门工作上的安排和协调，从而使各方面资源得到有效的利用。目前高校的体育制度大多数以国家规范制度为基础，因此具有很高的相似度，虽然内容完备但是缺乏针对性。很多高校的体育制度文件内容基本相同，没有以自身现状为依据建立更加具有针对性的制度，已制定的制度也无法充分落实，这就难以保障体育工作的顺利进行。调查中还发现，少数学校因为不重视体育工作，并没有按照国家学生体质健康标准的相关要求进行体质测试，测试成绩也并未纳入学生评优和毕业要求中，存在严重的造假现象。总体而言，虽然高校基本具备国家下发的相关体育政策文件和维持学校体育工作的体育制度，但随着校园体育工作现代化、信息化、社会化发展趋势的加强，高校的体育制度已远不能满足当前需求，因此需进一步宣传与强化依法治校的观念。

（二）体育传统

体育传统是指学校在体育方面形成的一种带有普遍性、重复性和相对稳定性的体育行为风尚。

高校体育传统活动的主要内容主要包括校级运动会、校内学生体育联赛等。大部分学校重视课余体育训练，针对高水平运动队和普通学生运动队的不同特点，安排相应的运动训练并组织学校运动队参加校外体育竞赛。但是，调查发现，大部分学校并不关注体育节等活动，这反映出校园体育活动组织者还没有形成这方面的意识，但实际上这种体育传统对校园体育文化的建设与发展具有极为重要的作用。另外，大部分学校缺乏体育理论选修课的设置，过于注重实践选修课的安排，认为这样才不违背体育课程关于"运动"的本质。而且鉴于实力有限，或者是精力有限，安排的体育专题讲座、体育知识竞赛等活动也非常少。

四、高校校园体育文化的发展趋势探讨

（一）多元化趋势

高校校园体育文化作为文化的一种具体形式，要适应时代发展，与时俱进，只有这样，才能满足学校发展需要和学生运动锻炼的需求，才能够保证校园体育文化的可持续发展。

学生之间存在明显的个体差异，因此在体育方面的需求也有所不同，原先单一的校园体育文化已无法满足学生的需求，这就要求高校校园体育文化朝着多元化的方向发展，突破单一型发展模式。

（二）大众化趋势

20 世纪 90 年代末之前，教育的形式主要是推行"精英教育"，随着社会经济的不断发展和进步，这种教育形式已与社会发展的需求不相符，因此，"大众化教育"逐渐取代了"精英教育"，成为当前教育的主流形式。随着我国经济的发展，体育社会化趋势越来越明显，我国高校校园体育文化大众化的发展趋势也越来越显著。如此一来，高等教育为更多的人所接受，在此契机下，高校校园体育文化得到更加广泛的发展。

（三）社会化趋势

高校体育文化建设一般依托于校园环境，校园环境具有一定的封闭性，很难与社会环境做好衔接，因此高校校园体育文化的发展会存在一定的自我性，这一特点不利于高校体育文化的丰富发展。

而从当前的形势来看，学校要实现理想的发展，就应当承担社会责任，主动服务于社会。从相关实践中可以发现，在社会主义市场经济体制从建立到逐步完善的过程中，高校校园体育文化的社会化趋势显著增强，特别是在我国竞技体育水平飞速发展的今天，人们更加关注体育运动，越来越多的人有兴趣参与到体育运动中来，这一现象也促进了校园体育文化的社会化趋势，社会体育文化和高校校园体育文化起到了相辅相成的作用。

（四）开放性趋势

随着社会经济的不断发展，全球化发展越来越快，我国各项事业逐渐与国际接轨，因此，在校园体育文化的发展方面，我国高校也开始逐渐借鉴国外的一些先进经验。社会的开放使人们的思想更加解放，可以对更丰富的文化有着更高的包容度，文化的碰撞交流也越来越激烈，高校体育环境的开放程度也越来越高，因此，高校校园体育文化的建设和发展也要博采众长，这是一种必然。

第二节　美国校园体育文化发展对我国的启示

一、美国高校校园体育文化发展分析

对于美国高校来说，学校的形象是可以靠优异的运动队成绩打造出

来的，富有特色的体育赛事和社团活动是大学的独有名片。大学体育作为美国社会文化的组成部分，在传递大学信息、烘托大学品牌、优化大学职能、传承大学文化等方面发挥着重要的作用。"美国大学生体育协会（NCAA）负责制定美国大学体育联盟的赛事规则，其中帕克十二联盟是 NCAA 下属 300 多个联盟中 32 个顶级联盟之一。在 2016 年里约奥运会上，帕克十二联盟共派出 246 名学生运动员和 31 名教职人员参赛，为美国代表团获得 55 枚奖牌（25 枚金牌、13 枚银牌、17 枚铜牌），如果帕克十二联盟参加奖牌榜的排序，它将排在美国、英国、中国、俄罗斯之后，位居奖牌榜第 5 名、金牌榜第 4 名。"[①]下面主要从文化视角探讨美国大学体育兴盛的根本原因，并为我国高校体育的改革与体育文化的发展提供经验或启发。

（一）"互联网+"时代下的体育产业文化

1. 体育产业与文化繁荣共生

美国高校体育的发展一直以来都缺少政府经费支持，美国高校的体育教育也因此受到一定的制约，但是美国高校一直以来都十分重视体育产业的发展，因此其体育产业的商业化运作成为其显著的特点，也能为美国高校带来丰厚的收入，但是这一现象并不代表着美国高校已经将体育产业完全商业化，作为盈利的手段，美国高校的体育教育仍然有着重要的地位，体育产业的发展也是以教育为首要目标，像 NCAA（美国全国大学体育协会）和帕克十二联盟这种大型高校体育组织都不是营利组织，这些组织主要通过体育实现教育目标。美国高校体育产业的发展主要还是以教育为底色，以商业化运作为手段，具有高度的自治性和教育意义，与文化的繁荣共生有非常密切的联系。

---

① 杜放. 美国大学竞技体育文化透析与启示［J］. 体育学刊，2018，25（06）：117-120.

2. 体育营销与文化融会贯通

美国高校的体育文化发展主要是以产业链的形式展开，美国高校大力发展体育教育，促进了高校体育文化的传播，使部分高校的体育赛事形成了一定的社会影响力，而人们对于高校体育赛事的关注又推动了一系列体育相关产业的发展，因此美国高校体育已经进入了十分成熟的产业链发展模式，体育营销文化应运而生，这种营销文化与美国社会文化的商业化特点不谋而合，美国高校体育产业收入已经成为美国高校体育教育资金的重要来源。

3. 体育媒介与文化协同传递

丰富、有效的宣传形式促进了美国高校校园体育文化的发展。美国高校在大力发展体育产业的同时还在积极地开展各项宣传推广活动，以各种途径大力传播体育信息，旨在使学生获得更丰富的体育知识，了解最新的体育资讯，同时也向外传播本校的体育讯息，促进体育文化建设，通过多角度、全方位的立体式体育信息传播使高校体育和文化繁荣共生。

（二）"体教融合"背景下的校园体育文化

1. 体育制度与文化相辅相成

美国高校的体育制度较为完善，无论是招生制度还是日常的教育评价制度，都较为规范且合理，美国高校的运动员主要是普通全日制高中生，入学门槛都十分统一，对于文化课成绩的要求也很高，很少有业余体校、专业队、职业俱乐部的运动员，因此美国高校的体育教育兼顾体育运动水平和体育文化水平的综合素质培养。美国高校在进行体育教育的过程中采用的是一种更为规范、可量化、可评判的教学制度，有利于提高学生对于体育学习的积极性，为体育教育提供了制度保障。

2. 体育活动与文化互相融合

体育赛事是体育文化发展、传播的重要载体，体育教育并不是一个闭门造车的过程，需要开展大量体育活动实践，美国高校的体育联赛是美国高校体育产业的重要支柱，在比赛的过程中，运动员和观众可以沉浸在强烈的体育竞技氛围中，感受人们对于体育文化的热情，促进运动员们体育竞技水平的提升，加强高校之间的学习和交流，使体育活动和体育文化完美地融合在一起。

3. 体育教育与文化紧密相连

美国高校十分重视运动员的文化课成绩，不允许因为体育训练而影响文化课的学习，如果学生运动员需要外出参赛无法正常在校园内参加文化课学习，美国大学就会选派教学经验丰富的教授进行随队辅导，从而确保学生不落下文化课的学习进度，因此美国大学生的体育教育和运动训练不存在矛盾。美国高校的这一制度为美国高校体育教育的发展奠定了良好的基础，学生可以在不影响文化课学习的情况下进行体育训练，从而拥有更多的发展可能性。

二、美国高校校园体育文化建设对我国的启示

（一）加强教育与体育的融合

体育教育和文化教育并不是矛盾的，二者可以互相融合、互相渗透，我国的体育教育和文化教育的融合还不完善，大学生运动员有时会因为过于重视体育训练或参加比赛而影响文化课学习，久而久之，高校的体育运动员有可能荒废学业。对此我国高校应首先从制度上进行完善，确保招生制度和日常教育制度的合理规范，重视对招生门槛的把握，对入学考试文化分数线进行严格控制，同时在日常的学习和训练中，加强两种教育体系的联动和融合，将文化课考试成绩与参赛资格挂钩，通过这种方式使学训矛盾转化为相互促进的关系。同时高校还要注重文化教育水平的提升，提升教学质量，丰富教学内容，在传统体育教学的基础上，加入体育理论的学习，进一步提高学生的文化意识和理论素养。

（二）拓宽高校体育的筹资渠道

我国高校的体育发展资金主要依靠财政支持，资金来源渠道较为单一。高校应进一步扩宽眼界，找准市场，大力发展体育产业，加大体育活动的宣传和推广力度，大力挖掘体育市场潜力，进一步加强校园体育文化建设，促进校园体育文化的发展，从而吸引外部资金来支持高校体育发展。高校在进行体育文化发展的同时要关注管理制度的改善，建立健全长效发展机制，合理地做到对外开放，通过争取企业赞助来扶持校园体育文化的建设，做到协作共赢。

（三）推动校园体育赛事市场化运作

我国高校的体育赛事主要还是在校内开展，旨在丰富学生的课余活动，加强学生之间体育水平的交流。我国的高校体育赛事缺少商业化的特点，这也是限制高校体育发展的一个原因，校园具有一定的封闭性，校园体育文化缺少了社会化、市场化的发展趋势，终究是不完善、受到制约的，我国高校应重视校园体育赛事的质量，在赛事的举办上进一步改革创新，进行大力宣传和推广，利用先进的技术手段，扩宽媒体渠道，促进高校体育活动向着商业化的方向发展，挖掘校园体育赛事的商业价值和品牌价值。

（四）倡导体育价值取向多元化

人们对体育价值的认识是人们参与体育活动的基础和动力，体育价值越向更丰富、更多元的方向发展，就越能吸引更多的人参与体育活动，正确的体育价值可以使人在进行体育活动的过程中充分感受体育的魅力，以及竞技精神的魅力，从而坚持下去。体育活动不仅可以强身健体，还能够帮助一些在体育方面有天赋的同学充分实现自我价值。高校体育文化建设要注重体育价值的宣传，要让学生意识到体育的价值，将体育观念融入校园生活中，要以各种各样的物质环境和赛事活动为载体，潜移默化地影响学生。

（五）发挥大学生在体育文化中的主体地位

高校校园体育文化建设要以学生为主体开展，不能脱离学生群体或违背学生的特点，学生不仅仅是校园体育文化的学习者、践行者，还能为校园体育文化的创新发展注入新的血液，提供新的思路。高校在进行校园体育文化建设时要充分调动学生的积极性，让更多的学生参与其中，共同营造良好的校园体育文化氛围，让校园体育文化更具活力。

（六）打造校园"体育赛事品牌"

高校在建设校园体育文化的过程中要注重创新性和独特性，根据学校自身特点创建具有学校特色的校园体育文化标签，这样不仅有利于宣传学校特点，让学生更有自豪感和凝聚力，更愿意积极主动地参与校园体育文化的建设，同时还有助于校园体育产业的整体发展，打造更多体育元素周边产品，使校园体育文化向着更丰富、更具社会化和商业化的方向发展，产生品牌效应。

（七）完善大学体育组织建设

目前我国大部分高校的体育赛事举办或体育文化建设，大多依赖于大学体育院系、教研部，运作方式较为单一，缺乏类似于 NCAA 等这样成熟的大学体育组织，这限制了我国高校大学体育赛事活动在策划、组织、市场开发及相关业务上的发展，大学现有的一些体育组织不论是在制度上还是在架构和管理上，都存在一定的缺陷，在体育活动的组织和体育文化的宣传上并不能发挥充分的作用，责任和服务意识不到位。高校的校园体育文化建设，离不开大学体育组织，因此高校首先要进一步完善体育组织的管理架构，制定合理的管理制度；其次要放开体育组织的权限，并充分发挥学生的主观能动性，让学生参与体育组织工作；再次要加强校际的交流联动，同一地区的高校之间要加强交流合作，以点带面，不同省市的高校之间也可以依托体育组织，进行赛事交流，进一步拓展校园体育文化建设的外延；最后还要加强校园体育的价值和内涵，不要使校园体育文化建设流于形式，要充分发挥体育组织的作用，给体育文化带来新的活力，深挖校园体育文化的内涵。

第三节　高校校园体育文化的发展创新

一、高校体育教学与体育文化的融合发展

目前，在体育教学中，针对体育教学方式和思想作出了很多改变，不仅更加注重了学生身体素质的提升，同时也关注了体育文化的发展，这样才有益于学生文化意识和教学效果的强化。

（一）体育教学与体育文化融合发展的途径

1. 营造高校体育教学的良好氛围

高校的体育教学离不开校园体育文化的建设，而体育教学又是体育文化的有效载体，当高校的校园体育文化建设达到一定的水平之后，学校的体育教学也会得到更长远、更深刻的发展，取得更好的教学效果。丰富而有吸引力的校园体育文化，可以引起学生对体育学习的兴趣，可以帮助学生挖掘自身潜力，解放天性，让学生能够更好地融入集体，有利于学生在集体中的发展，也能够为学生以后更好地进入社会打下基础。热爱体育可以使人变得更加积极向上，能够在体育活动中培养吃苦耐劳、团结友爱、公平正义等优秀的品质，体育文化可以使校园氛围变得更加

有活力、更加积极向上，同时还有利于学生的心理健康和身体健康发展，能让学生们有更充沛的精力投入日常学习。高校的校园体育文化往往可以吸引更多的学生参加，因为体育活动的适宜人群较广，所有学生都可以根据个人的兴趣找到适合自己的体育文化践行方式，从而以更快速地参与体育文化的建设。此外，体育文化还可以增强学生的自信心和自豪感，让学生能更好地在集体中实现自我价值，得到认同。

校园体育文化可以提升师生对于体育价值的认同，是一种潜移默化的影响方式，而且这种影响是层层递进、影响长远的，校园体育文化和体育教学是相辅相成、互相促进的，校园体育文化首先营造出来良好的体育学习氛围，这种氛围的营造是通过体育文化对于学生心理的暗示性和渗透性的引导来完成的，体育文化可以增强集体凝聚力，让教师和学生产生为了共同目标而努力的共同追求，让学生之间和师生之间产生一种彼此信任、相互支持的心理感觉，在这种心理感觉的促使下，学生和教师能够更好地完成体育教学内容和目标，同时还会产生团结一致的信念，这种信念不仅有利于体育教学，还能让学生和教师在发扬人文精神，探索真知的道路上勇敢前行。学生在接受校园体育文化的引导和熏陶后，能够更加积极主动地进行体育学习，对体育保持旺盛的兴趣，有深入学习的渴望，其次还能够帮助学生克服在体育学习中遇到的困难，更好地完成体育学习。这样学生可以在体育教学中不断尝试和探索，并感受到体育运动给身体和精神带来的变化，从而由内而外地接受体育文化。

2. 培养高校体育教学中学生的主体意识

教育的改革和创新旨在培养综合性素质人才，学生不再只是知识的接收者，更重要的是要自主地进行学习，从而才能对所学内容进行深刻理解和二次创造，因此高校要培养的是具有自主学习能力和创造性的人才，要注重学生的全方位培养。学生的体育学习思维不能局限于被动地学习和接受，而应该主动探索适合自己的学习路径，培养体育学习兴趣，在体育教学中充分发挥主体意识，注重个体自主性、能动性和创造性的培养。学生在体育教学中的主体意识主要表现在两个方面：一是对于教学过程有自主调节和控制的能力，对自己的学习水平有一个基本的认知，在针对接受的知识时能够对学习内容和节奏进行调整；二是要坚定学习信念，有一定的自我意识，能够通过教师的引导和启发以及自主学习来进行更深层次的知识理解和运用。

体育教学并非只是依靠课堂来让学生的身体得到锻炼，主要是为了引导学生了解和接触体育活动，从而产生兴趣，在课下自发地进行体育文化学习和开展体育活动，不断提高自我的体育文化意识，让学生能够积极地进行体育锻炼，养成良好的健身习惯。体育教学还有指导学生正确进行体育锻炼的作用，学生在对体育产生兴趣后，可能会由于个人水平的原因无法在课下进行规范的体育运动技巧练习，这时，教师要通过体育教学对学生进行指导，避免学生在体育运动中受伤，让学生能够充分感受到体育文化的魅力。

高校校园体育文化建设要能够激发学生的兴趣，营造积极的氛围，通常是采用体育竞赛的方式，吸引学生参与到体育文化中来。体育竞赛是一种综合性的体育文化实践方式，学生可以根据个人喜好参与到体育竞赛中来，不仅可以作为运动员参赛，也可以加入啦啦队或者其他服务活动中，是了解体育文化、践行体育文化的一种有效的方式。在体育竞赛的氛围中，学生可以变得更加积极主动，可以享受到体育文化带来的快乐；还会产生强烈的集体荣誉感，当一个集体为了共同的目标努力，一起出谋划策的时候，个人也会感受到自己在集体中的价值；体育竞赛还能让学生体会到竞技体育的魅力，在公平的竞争中表现出自己的水平，和其他同学进行友好的交流。体育文化的丰富性，大大提高了学生在体育教学中的自我学习意识，因此在体育教学和体育文化的建设中要注重，不断地丰富教学和文化的内容及形式，通过丰富多彩的体育文化吸引大范围的学生参与进来。一般来说，男生会比较喜欢竞技性和对抗性较强的项目，比如篮球和足球等；女生会更喜欢富有节奏感或者能展现肢体的优美的项目如啦啦队舞蹈、体操或是羽毛球等。总之，学生应该根据个人特点来找到了解和学习体育文化的切入点，进而自主地进行深入学习，之后才有可能广泛发展。

3. 充实高校体育教学的内容和形式

高校校园体育文化建设的形式多样，内容丰富，区别于传统单一的课堂体育教学，能够在缓解学生学习压力的同时，激发学生参加体育活动的积极性。传统体育教学形式较为单一，而且通常会以固定的教学内容为主，按部就班地进行学习，课堂氛围比较枯燥，很难让学生积极自主地热爱体育，校园体育文化建设的多种形式，比如运动会、体育节、社团建设等，都是以学生为主体开展的，贴合学生群体的喜好，让体育爱好者们有一个展示自己技能的舞台，同时这种多彩的形式还会吸引越来越多的学生参与体育文化的建设，让校园体育文化更灵活、更有生机。校园体育文化活动是体育教学的补充和再创造，能够丰富学生的校园生活，让校园体育文化更年轻化。全面建设校园体育文化对于体育教学也有了新的要求，体育教学应以体育专业的核心内涵为基础，以综合素质人才培养为导向，构建综合素质教育课程体系，让体育教学的知识结构更合理、全面。鼓励教师对于教学组织形式进行创新，结合现代教学思维和新兴教学技术，构建符合当代学生特点的新教学形式如小群体教学法、互动式教学法及合作教学模式等。要注重教学上的研究、探索和创新，注重理论知识和体育技能教学相结合，通过生动直观的教学方式，加强学生理论知识的掌握，更要注意理论与实践的结合。高校体育教学不应局限于课堂，应该从内容和形式上加强创新，尝试走出课堂、走出校园，这样才有利于校园体育文化的传播和建设。高校体育教学应将眼光放长远，不仅要传授专业知识，更要注重培养实用型人才，将校园体育教育与社会实践应用相结合，将人才培养与学科专业特色发展相结合、将统一的要求与个性发展相结合，这样才能培养出具有综合素质的人才，有利于学生毕业后的就业和融入社会，同时还有利于学生的个性化发展，激发学生的创新意识。

高校体育教学应跟随时代发展进行调整，更贴合学生的实际需求，在完成教学任务的同时注重一定的实用性和趣味性。不少高校学生在课外时间会选择去健身房进行健身，或者学习舞蹈、瑜伽等，高校应重视学生的多样化需求，积极发展各种各样的体育组织形式，不断丰富教学内容和形式，可以通过体育社团、俱乐部等方式使学生有组织地进行校内体育活动，丰富高校校园体育文化，还可以定期举办体育文化节，吸引更多的学生参与到校园体育活动中来。

4. 促进高校体育教学文化理念的更新

文化理念是经济发展和社会进步的催化剂，文化理念对于各行各业的发展都有着积极的推动作用，中华民族的伟大复兴离不开中国人民的文化繁荣和文化自信，高校体育文化建设也离不开先进的高校体育教学文化理念。高校体育教学文化理念要注重与时俱进，贴合校园文化氛围，符合大学生积极向上、充满活力的群体特征。高校体育教学要注重学生人文素质和创新意识的培养，大力发展校园体育文化，营造良好的文化氛围，以人文知识教育为基础，让学生了解体育运动的发展历史和精神内涵；以创新思维培养为导向，引导学生对理论知识进行深刻理解和创新，将理论和技术相结合，培养体育综合素质。

（二）体育教学与体育文化融合发展的反思

1. 普通高校体育教学中体育文化建设的缺失

（1）普通高校体育教学中体育物质文化建设的缺失

当前高校体育在物质文化建设上还存在一定的不足，物质文化建设是高校体育教学和体育文化建设的基础，物质文化建设的不足会直接影响到教师的教学效果，降低学生的学习积极性。部分高校在体育教学中没有做到与时俱进，存在教学设备老旧、教学器材落后、教学器材数量不足等问题，这些问题都严重制约了高校的校园体育文化建设。在教学器材的使用上，高校应该注重与时俱进，多使用多媒体教学器材，更有利于课堂教学效果，传统体育教学多是注重课上体育运动，一般为教师示范讲解，学生再自行进行体育活动，教学形式较为单一，而且教师示范有时部分学生可能无法观察仔细，不容易掌握到细节，利用多媒体进行体育理论学习和技术引导，可以更加生动、形象、直观。高校体育教学还要进一步提升体育器材的数量和质量，有些高校在体育教学过程中经常会出现体育器材紧张，或者因为破损器材过多而不够学生使用等情况，这也是高校体育教学中物质文化缺失的一种表现。

（2）普通高校体育教学中体育精神文化建设的缺失

高校体育文化建设的基础是物质文化建设，内涵是精神文化建设，在做好物质文化建设的基础上，体育精神文化建设也不能缺失。高校体育精神文化建设的缺失一般体现在，教师教学形式和教学内容单一，无法准确传播体育精神，学生也就无法深刻理解体育精神的内涵，对体育价值的认识也就不够深刻。高校体育精神文化健身主要是要挖掘体育精神内涵，丰富体育教学内容，让学生们能够更全面更深入地学习体育知识，认识到体育文化的重要性，注重创新能力的培养。这样一来，学生不仅能够全面掌握体育内涵，还能为校园体育文化注入新的活力。部分学生对于体育价值的认识还是局限于强身健体方面，这种认识的局限性影响了校园体育精神文化建设，教师应该作出正确的引导，通过体育精神文化建设，让学生在体育教学过程中体会到体育精神对自身的影响。体育不仅可以培养学生的优秀道德品质，陶冶学生的情操；还能提高学生的心理素质，让学生的抗压性更强，可以积极地面对挫折和困难；还可以提高学生的智力水平，促进文化学习。高校体育教育不仅要重视体育技术的传授，还要重视人文关怀以及体育文化教育对学生意识的影响，通过体育精神文化建设来加强学生的意志、道德品质，使学生能够更好地融入社会，校园环境具有一定的封闭性且较为单纯，很多学生在毕业初入社会时都无法很快地融入工作环境，体育教学可以潜移默化地影响学生性格，可以使学生的心态更加积极，加强学生的交流能力和融入集体的能力，还能使学生的心态和情绪更稳定，可以更好地处理生活中的变化。

现代学生对于互联网的依赖性较大，传统的教学方式会使学生感到枯燥，很难产生学习兴趣，高校体育精神文化建设应该结合互联网技术，使学生们接受知识的形式更加多元化，有利于激励学生主动学习，也能提高教师的教学创新能力。

（3）普通高校体育教学中体育制度文化建设的缺失

我国大部分高校目前的体育教学制度管理的侧重点在于教学行为和学生行为的监管和规范上，在激励制度方面存在一定的缺失。高校的体育教学制度主要在于规范体育器材、体育场馆的使用或者是体育课堂的各种纪律，鲜少关注激励制度的建设。体育教学的发展需要一定的规范性但同时也要有激励性，以引导和激励教师发扬创新精神，弘扬体育文化，因此高校应进一步完善体育教学中的体育制度文化建设，丰富制度建设的内容，建立综合性的教学评价机制，引入激励制度。

2. 普通高校体育教学中体育文化建设缺失的原因分析

当前，我国高校的校园体育文化建设已经取得了一定的成果，但是从持续长远高效的发展角度来看还是存在一定的不足，主要表现在物质文化建设和精神文化建设两方面，一是高校在体育文化建设上投入的经费有限；二是部分教师和学生的体育文化意识不够。

（1）强调技能，忽视文化素养

高校体育教学不只是围绕增强学生体质、传授运动技能和取得竞赛成绩展开，这种僵硬刻板的教学方式难以激起学生积极学习的兴趣，甚至会使学生产生逆反心理。高校体育教学应当以体育精神和体育文化为根本，把握体育运动的内涵，这样才能促进学生的体育学习。体育教学存在一定的片面性和单一性，一方面体现在学生的体育文化意识薄弱，对于体育运动的价值认知不到位，对于体育运动的热情不高；另一方面，教师的体育教学理念落后，教学方式和内容传统且枯燥，无法传播体育文化的深刻内涵，更难以吸引学生的注意力。学校主管部门也存在对于体育的价值认识不到位的问题。体育教学应注重弘扬体育精神，学习体育文化，首先从意识上转变，认识到体育的重要性，以及体育专业的特点，一方面要强调体育对于学生学习、身心、生活的重要影响；另一方面要完善体育教学评价制度的建立，从根本上改变传统的体育教学思想，不仅将体育技能指标、体育竞赛成绩纳入考核范围，更要关注其他反映学生的心理状态、精神风貌和文化素养的指标。同时还要关注教师群体的体育文化素养提升，教师的教学理念应该是不断发展、进步的，只有教师拥有较高的体育文化素养，充分理解体育文化的内涵，才能在教学的过程中潜移默化地传达给学生，产生积极的影响。当前我国高校针对体育教师的考评主要还是集中于课堂教学任务的完成和体育竞赛成绩的取得这两个方面，对于教师的体育文化素养的重视程度不高，因此高校应完善相关制度，鼓励教师通过培训和继续教育等方式提高理论知识，丰富文化素养，提升教学水平。在科研上也要激励体育教师进一步挖掘体育教学的更多可能性，产出更丰富的科研成果。

（2）强调课堂，忽视其他体育教学形式

提升体育教学水平一方面要丰富体育教学内容，另一方面就是要丰富体育教学的形式。高校体育不同于中小学体育教学，高校体育能更好地突破场地、时间、年龄和强度上的诸多限制，满足学生们各式各样的体育运动需求，以丰富的课堂教学形式来开展体育教学活动。高校一般会有各种各样学生自发组织的体育社团，让有着相同兴趣爱好的同学能有组织有计划地开展体育活动，但是这些体育社团一般缺乏专业的技术指导，组织规模也较小，只适合于学生们的自娱自乐。高校应关注学生们的需求，增加课堂教学的形式，既要给予学生体育社团技术上的支撑或者组织管理上的帮助，也要不断地丰富校园体育文化传播形式，比如体育节等，还要不断拓展体育教学形式，增设体育选修课种类，这样才能营造一个有活力的、浓厚的体育文化建设氛围。

（3）强调规范，忽视创新

目前我国大部分高校的教师在体育教学中，都严格按照教学大纲和教学任务执行，具有较强的规范性。一方面我国高等体育教学的监管力度较大，另一方面体育教学一般强调技术的专业性，因此教师在课堂上会注重以严格的规范约束学生。体育课堂一般有着较强的组织性和纪律性，教学流程一般都是按照开始、准备、基本训练以及结束四个阶段进行，教学内容缺乏足够的创新性，训练过程也比较单一。这就导致了学生在学习和训练的过程中过于遵守规范，以教条的态度来进行体育学习和训练，很难产生创新思维，也很难在体育学习中保有激情。

近年来我国大力倡导素质教育，旨在培养具备综合素质的人才，特别是强调学生的创造力和创新思维的培养，避免应试教育的模式，从课堂教学入手改善我国的综合素质教学水平。体育教学的创新也是素质教育的重要环节，以往的体育教学主要还是以教师传授、示范，学生自主练习，教师从旁指导的方式开展，这种传统的教学模式还是以学生的被动教学为主，教师主要是为了完成教学任务，学生是为了达到课堂标准取得好的成绩，这样的教学模式下，教师和学生都缺乏一定的创新思维，无法突破原有的框架。体育教学的创新首先要给予一个师生平等交流、民主的教学氛围，让学生能够在课堂中积极地表达和发问，和教师进行充分的交流；其次，教师主要以启发和引导为主，通过课堂激发学生的学习兴趣，调动学生的主观能动性，从而使学生自主地进行体育学习，教师从旁协助。这种教学模式可以有效提升课堂教学效率，让学生产生学习的动力，促进学生的全面发展；还可以凸显学生的主体地位，培养学生自主学习的意识，在学习的过程中学生可以积极主动地进行思考，碰到问题和困惑时也会想办法去理解和解决问题，这样才能自主地进行探索和思考，从而培养学生的创新思维。当学生以创新的思维进行体育学习时，也会为体育教学的内容注入新的活力，为体育课堂带来创新性的变化，也就是说教学形式的创新可以启发学生的创新思维从而促进教学成功和教学内容的发展和变化，这对于高校的体育教学来说是一个良性的循环。

二、奥林匹克精神与高校校园体育文化协同发展

奥林匹克精神的传播和弘扬需要依托于高校体育教育，大学生群体文化素养较高，对新知识和新思想的接受度较高，而且大学生群体充满着青春的活力，积极向上，对奥林匹克运动有着很高的热情。在奥运会中，也有许多大学生是志愿者群体的主要组成部分，是奥运会的支持者和参与者。当前社会发展迅速，大学生群体每天都会接收到各种各样的信息，如何指导大学生接受正确的价值观念引导，形成健康积极向上的价值取向是高校思想道德教育过程中的重要课题。奥林匹克精神可以正确引导大学生的价值观，对大学生的思想产生正面积极的影响。奥林匹克运动和奥林匹克精神一直以来在国际上都有着很重要的地位和影响力，当前国际文化交流和传播日益频繁，文化传播已经渗透到我们生活的方方面面，学习优秀文化有利于我国文化更繁荣更广泛的发展。

（一）奥林匹克精神与高校校园体育文化的相互关系

奥林匹克精神是奥林匹克文化的基本内涵，在我国高校体育教学和体育文化的传播中有着重要的影响，可以丰富体育教学内容，提升体育教学价值，传播奥林匹克精神也是时代发展的需要。奥林匹克精神通过影响校园体育文化建设来影响校园文化氛围，使校园文化在校园体育文化的影响下更有生机与活力。

1. 奥林匹克精神概述

奥林匹克精神是奥林匹克运动从古至今不断发展、演变的过程中所体现出来的最高精神，也是奥林匹克运动的内涵，是人们在实践奥林匹

克运动的过程中不断探索和凝聚而成的，奥林匹克精神不仅仅是宝贵的精神财富和文化遗产，还起到文化传播和教育的作用，是体育、文化、教育三方面的完美结合，对于促进社会文明进步、提高人们的文化素养和道德水平、建设和谐友好的社会有着重要的作用。

（1）奥林匹克精神的本质

奥林匹克是指古代奥运会传统的一种现代国际化现象。奥林匹克运动会从古至今发展而产生，不同时代的人对于奥林匹克有着不同的理解。奥林匹克精神是这一发展过程中产生的一种社会意识形态，有着其独特的哲学内涵。精神是物质的产物，奥林匹克精神是奥林匹克运动的社会实践，奥林匹克精神又指导着奥林匹克运动的发展。从哲学意义上定义奥林匹克精神，熊斗寅认为："奥林匹克精神是一种社会意识形态，是奥林匹克主义社会实践的体现和反映，包括古代和现代奥林匹克运动的最高境界，包含体育、文化和教育三方面的内容，是人类创造的精神财富和无形文化遗产，是促进社会进步、提高人类素质、建设和谐社会和维护世界和平最具广泛性的国际文化要素。"[①]这一定义包含了奥林匹克精神的本质内涵、主要内容和重要作用，还强调了奥林匹克精神的国际化作用。

（2）奥林匹克精神的内涵

关于奥林匹克精神的内容，我们常见的表述是《奥林匹克宪章》上的规定："奥林匹克运动的宗旨是，通过开展没有任何形式的歧视，并按照以友谊、团结和公平竞赛精神互相理解的奥林匹克精神的体育活动教育青年，从而为建立一个和平而美好的世界作出贡献。"这里也就体现出通常人们所认为的奥林匹克精神的内容，即友谊、团结和公平竞赛这三种精神。但是，仅仅局限于《奥林匹克宪章》（下称《宪章》）所规定的内容，显然是不够全面的。熊斗寅在《论奥林匹克精神》中认为这一条

---

① 高洪教. 奥林匹克精神与高校校园体育文化建设关系研究 [D]. 济南：山东师范大学，2008.

译文与正式出版的《宪章》稍有出入，为了准确弄懂它的含义，需要重新从《宪章》的基本原则第六条原文寻求答案。

奥林匹克精神是奥林匹克运动的精神核心，也是奥林匹克运动长久持续发展的重要基础。奥林匹克精神的宝贵之处不仅仅体现于它在体育运动上的价值，对于竞技体育的指导意义，更在于它深刻的精神内涵和意识价值，奥林匹克精神可以说是一种人文精神，是人类所共有的精神财富，影响了一代又一代的人。奥林匹克精神源于奥林匹克运动，又指导着奥林匹克运动在现代国际的发展，可以说正是因为奥林匹克精神，才有了奥林匹克运动今天的国际影响力，奥林匹克精神和奥林匹克运动是无法分割，相互影响、相辅相成的。当然，奥林匹克运动也会随着社会的进步和发展而不断发展，一代又一代的人为奥林匹克运动注入新的生命力，奥林匹克精神的内涵也在被不断地挖掘和丰富，在不同时代有着不同的社会表现。奥林匹克精神的内涵主要可以从以下六个方面来阐述。

① 奥林匹克精神崇尚对文化和民族差异的宽容和理解

奥林匹克的五环旗象征和平、团结、友谊、进步，奥林匹克精神始终倡导各个国家、各个民族之间加强交流和了解，以和平、包容、友好的态度去互相对待，这正是奥林匹克精神和奥林匹克运动国际化的体现。现代奥运会作为世界所公认的体育交流盛会，来自不同国家的运动员在比赛中公平竞争、互相学习、充分交流，奥林匹克运动会促进了各国之间的交流，大家以奥林匹克运动为媒介相互交往，摒弃了种族、文化上存在的差异，抛却了政治观念或意识形态上的区别，单纯以竞技技术进行切磋，这种交流方式使人们不再受自我文化和思想所带来的偏见限制，而是客观公正地看待他人，这场盛会中的每个人都能充分地融入地球大家庭的氛围中，从而能更好地感知和领悟其他国家的优秀文化，超越政治、观念、肤色、种族和语言的限制，实现真正的国际层面的友好交流。

② 奥林匹克精神突出竞技体育运动的公平与公正

奥林匹克运动以竞技体育运动作为其主要活动内容，只有在公平、公正基础上，竞争才有意义。由此在《奥林匹克宪章》中把公平竞赛作为奥林匹克精神的内容之一，顾拜旦在伦敦奥运会上发表演说时说："奥林匹克理想，在我们看来，是一个很强的体育文化概念，它一部分建立在你们如此向往并称为公平竞争的骑士精神，另一部分建立于对优美与崇高狂热崇拜的美学思想。"并强调："任何研究过古代奥运会的人都知道古奥运会最光辉之处在于它的两条原则：美和尊严。"①公平与公正是参与奥林匹克竞争的行为规范，同时也是法治社会的基本原则。

竞技精神是奥林匹克精神中独具魅力的一部分内涵，奥林匹克运动会始终秉持着公平公正的原则，在这样的氛围下，各国运动员才能充分利用自身的竞技水平友好地交流，这正是各国运动员和参与者对于奥林匹克精神和竞技体育尊重的表现，促进了各国之间的互相团结和友好交流，展现着高尚的人类文明和道德情操，各国运动员即使在激烈的比赛中仍然能谨记竞技体育规则，呈现出一场又一场酣畅淋漓的比赛，给观众带来无与伦比的视觉盛宴，而这也是奥林匹克运动的魅力，是奥林匹克精神的神圣之处。

③ 奥林匹克精神强调参与的重要

《奥林匹克宪章》基本原则第七条指出："奥林匹克运动的象征是五个连环，它涵盖五大洲。它的活动是普遍的、经常的，其最高层次的活动是使世界上的运动员在奥林匹克运动会这一盛大的体育节日上欢聚一堂。"奥林匹克运动会是一场世界级的体育盛会，各国的优秀奥运健儿可以齐聚一堂，展现个人的技术水平，通过奥林匹克运动会，越来越多的人了解和感受到了奥林匹克精神的魅力，并参与其中。奥林匹克运动是面向全社会所有阶层的，它有着丰富的形式，不受年龄或性别的限制，所有人都可以参与他们感兴趣的项目，目前世界上开展奥林匹克运动的

---

① 邢登江，刘国庆，尹宝玉. 大学体育 [M].3 版. 北京：北京航空航天大学出版社，2008.

国家和地区已超过 200 个，遍及世界的每一个角落。这种广泛的参与进一步促进了奥林匹克运动的发展，使奥林匹克精神越来越深刻，同时还促进了体育文化的建设和发展，无论是运动员、教练员、裁判员还是赛事的工作人员、志愿者、观众，都能从奥林匹克运动中体验到它的魅力和对自身的影响。

④ 奥林匹克精神弘扬竞争与奋斗

德国学者佐勒曾在著作中引用康得拉·洛伦茨的一句名言：体育运动是"随着人类文化的进步而发展起来的一种特殊的、礼仪化的战争。"[①]奥林匹克运动追求更高、更快、更强的运动精神，这是一种克服困难、勇攀高峰的进取精神，奥林匹克精神是一种奋斗的精神，提倡所有运动员在尊重比赛规则、保证公平公正的前提下，勇敢地超越自我挑战自我，敢于挑战更高水平的运动员，实现自我突破，在不断竞争中提高自身的竞技水平。

奥林匹克精神中所包含的竞争意识和进取意识，是在公平、友好的前提下，即使是在激烈的对抗中，运动员也要始终保持优良的道德品质，不能伤害他人或违反规则，奥林匹克精神的这一特点可以说是人类奋斗的一个缩影，体现了人类的高级文明，同时也给予了人们不断前行的动力，是人类坚持高尚道德情操，不怕困难，顽强拼搏的精神支柱。奥林匹克精神中蕴含着的精神力量，不仅使运动员在体育运动中能够坚韧不拔、坚持奋斗，还让参与者也受到感染，激励人们在生活中也可以敢于竞争、锐意进取。这种奥林匹克精神正体现了顾拜旦对"参与比取胜更重要"所作的精辟解释："生活中最重要的不是取胜而是奋斗，其本质在于使人类变得更勇敢、更健壮、更谨慎，而不是为了凯旋。"[②]

⑤ 奥林匹克精神倡导无私奉献

现代奥林匹克的创始人顾拜旦，在谈到训练问题时曾经说过："一项

---

① 骆功健，宋修妮. 体育与健康理论教程［M］. 济南：山东大学出版社，2006.

② 彭程. 文化技术经济研究的新视角［M］. 北京：中国市场出版社，2020.

运动纪录是一个人的力量和性格相互影响所达到的极限，是一个人发展的极限。他的社会地位，从父母那里继承的门第或财产均不起任何作用。不管他是王子还是平民，都不会使他的跳跃增加一英尺，也不会使他在规定时间内的跑步、游泳、划船距离增加半码。"[①]参加奥林匹克运动会并获得特殊的荣誉，并非是轻而易举的事情，必须付出艰苦训练的代价。随着社会的发展，人们科学训练的意识也显著提升，人们不再盲目地追求艰苦的训练，而是更注重科学的方法，借助现代科技使训练更有效率。尽管如此，运动员仍然要付出千百倍的艰辛，才能在比赛中展现出超越他人的技术水平，取得好的成绩。运动员需要从小就开始进行专业训练，他们放弃了丰富多彩的童年生活，坚持着枯燥而艰苦的训练内容，日复一日地进行着同样的训练，才能不断地提高自身的竞技水平，打下坚实的基础，如果没有无私奉献的精神，很难坚持下来。

⑥ 奥林匹克精神体现人与自然、人与社会的和谐平衡发展

2008 年北京奥运会，提出了"人文奥运、绿色奥运、科技奥运"的理念，既强调了可持续发展的重要性又表明了社会人文建设的价值，体现了人类社会与自然和谐发展的主题，这是奥运精神现代化发展的体现。随着社会的发展，人类生活的物质水平显著提高，精神文化需求变大，环境保护等生态问题日益凸显，在这一时代特点下，奥林匹克精神也有了新的内涵和意义。奥林匹克精神并非一成不变的，作为人类的共同精神财富，它也在不断地发展和更新，旨在促进人类社会的更好发展，是社会意识形态的集合，因此在当代社会奥林匹克精神也有着促进人与自然和谐相处、呼吁人类保护生态资源，实现可持续发展的现实意义。

（3）奥林匹克精神内涵体现的教育理念

奥林匹克精神还有重要的教育意义，既可以磨炼人的意志、陶冶人的情操还可以锻炼人的体魄，增长人的见识，是宝贵的精神财富，可以

---

① ［法]顾拜旦；詹汝琮译. 奥林匹克理想 顾拜旦文选［M］. 北京：奥林匹克出版社，1993.

使人养成正确的价值观念，对于教育和培养综合型的人才有着重要的作用。

① 团结友好的社交观念

奥林匹克精神提倡团结友好，在奥林匹克运动中，人和人之间、国家和国家之间，不再有经济水平、文化水平上的差异，大家通过体育运动友好交流，团结一致，接受自身与他人的差异，学会以包容多元的态度看待他人，使人养成团结和谐、友好合作的社交观念，帮助人更好地融入集体。奥林匹克精神可以给人以思想启迪，弘扬社会的"真、善、美"，避免人们受到利己主义的影响，使人类社会更加和谐。

② 热爱和平、倡导和谐的全球观念

奥林匹克运动会是国际体育赛事，吸引了世界各国参与，这是一场没有种族歧视，没有地域区别，崇尚和平的盛会。奥林匹克精神注重的是全人类的和谐发展，倡导爱与和平，反对歧视和战争，国家之间可以在奥林匹克运动中友好交流，奥林匹克精神对维护世界和平有着重要的作用。在现代社会奥林匹克精神还有了环境保护的新内涵，注入了人与自然和谐发展的新意识。由此可以看出，奥林匹克精神始终关注的是人类社会的整体发展，以奥林匹克运动为渠道广泛传播，影响着全世界的人类，坚持为促进世界和人类社会的和谐、健康发展而努力。

③ 诚信公正的价值观念

奥林匹克运动强调公平公正，在比赛的过程中，要求运动员要尊重规则、尊重对手、尊重裁判，每个环节、每项运动都有着其严格的流程和仪式。这种公平竞争的精神使运动员将道德情操排在个人成绩好坏之前，也会在比赛过程中感染所有人，如果违反了公平竞争的规则，即使获得了好的成绩也并不会感到荣耀。奥林匹克精神中包含的公平、公正、诚信等意识，所带来的社会价值十分宝贵，也是现代社会所缺少的。

④ 积极参与的"入世"观念

奥林匹克精神鼓励人们积极地参与到奥林匹克运动中来，全民参与是奥林匹克运动得以传播和广泛发展的原因，如果奥林匹克运动只专注于专业水平和技术，只能吸引技术高超的专业运动员，那么奥林匹克精神的社会价值也将不复存在。奥林匹克精神所倡导的参与精神，可以帮助人们以更积极的态度去面对生活，以进取的精神来克服生活中的困难，不再回避问题和害怕困难，体验参与带来的喜悦。

⑤ 竞争、奋斗与奉献的生活观念

奥林匹克精神可以培养人们奋斗进取、积极奉献的价值观，这一价值观有利于社会的和谐发展。现代社会人们的思想观念受到资本主义思想的冲击，人们开始认同利己主义的价值观，形成了一些恶性竞争的社会现象。竞争是人类社会不可避免的现象，人生的各个阶段都有竞争的存在，我们应积极地、正确地去面对竞争，培养公平竞争的意识和不断奋斗的精神，良性的竞争有利于实现自我价值。在奥林匹克精神的影响下，人们在生活中也会将超越自我、不断拼搏作为人生目标，通过奋斗成为一个对社会有价值的人。奥林匹克精神还鼓励人们奉献，每个人都不可能脱离集体而存在，只有当集体中的人都有奉献意识，关心集体的发展和他人的利益，愿意为社会和国家的发展牺牲个人利益时，集体才能越来越强大，才能惠及集体中的每一个人。

（4）奥林匹克精神的哲学基础

奥林匹克的哲学性是奥林匹克精神的理论基础，也是奥林匹克运动发展的指导，奥林匹克运动和精神从古至今的发展演变都离不开其哲学内涵的指导。奥林匹克的哲学原则最早来自古希腊时期人们对于认识和提高自然的渴望，出于这一目的，古希腊人才有了巨大的精神力量去改造自身素质与自然斗争，古希腊人讲求和谐的身体发展观，通过公平的竞技过程来展现强壮的身体，奥林匹克的一系列精神内涵便是由此而来。而"现代奥林匹克之父"顾拜旦更是从古奥运会遗产中得出了体育竞技是身心二元文化的结论。由于受到希腊哲学的影响，他把奥林匹克运动提高到人的身心全面发展的人生哲学的高度，赋予体育运动以新的价值观。而这种身、心和精神方面的各种品质的多元统一，则成为奥林匹克哲学的基本点。

在随后的发展中，奥林匹克哲学有了更高级的内涵，将体育、文化、艺术、教育进行多元融合，不断地适应现代社会的发展，这种多元化的特点为其广泛传播打下了基础。现在奥林匹克哲学已经渗透到人类社会的方方面面，在各个领域都有着深远的影响，有助于社会培养身心健康，道德品质和思想意志卓越的全方位人才。

2. 奥林匹克精神与高校校园体育文化的关系

奥林匹克精神在校园进行广泛推广和传播，不仅可以丰富高校的校园文化，加深校园体育文化的内涵和价值还可以在当代社会进一步发展奥林匹克精神，充实其内涵，做到奥林匹克精神在现代的弘扬和创新，为奥林匹克精神注入新的活力。奥林匹克精神有着悠久的传承历史和深厚的精神底蕴，以奥林匹克精神为载体传播校园体育文化，是对校园体育文化的再创造，有助于高校学生增长见识、拓宽视野，有助于培养高校学生不断拼搏、积极进取的精神，在奥林匹克精神的熏陶下，学生可以对体育精神有着更深刻的领会，也可以对体育价值有进一步的深刻认识。校园体育文化和奥林匹克精神是相辅相成互相促进的关系，二者可以共同营造浓厚的校园文化环境，以奥林匹克精神的内核感染和鼓舞高校学生，可以实现高校学生的全面发展，有利于学生的身心健康，帮助高校实现培养全面人才的目标。

（1）奥林匹克精神对高校校园体育文化发展建设的促进作用

① 奥林匹克精神为高校校园体育文化发展建设提供导向

高校体育文化建设的形式和内容十分丰富，是一种多元化、全方位的文化建设活动，奥林匹克精神在高校传播，旨在为高校校园体育文化建设提供一定的价值导向。奥林匹克精神自古至今一直在不断的发展传承，是人类的精神文明成果，它既有着深厚的历史积淀又有着千百年来人类文明不断变化、传承的印记，奥林匹克精神的丰富内涵决定着它具有着很高的精神文明价值和深刻的教育意义，奥林匹克精神的注入丰富了高校校园体育文化的价值。奥林匹克精神有助于培养高校学生锐意进取的精神，奥林匹克精神强调积极参与的重要性，鼓励运动员不断进取、超越自我，这种精神对于高校学生可以产生积极的影响，当前高校学生的学习压力较大，特别是在进入社会后，既要面临着从学校到社会过渡问题，还要承担着一定的生活压力，这时学生在面对压力时的自我调节能力就显得尤为重要，奥林匹克精神可以影响学生的思想观念，改变学生在面对困难时的思维方式，有助于学生更加积极的面对困难。在奥林匹克精神中，不怕苦不怕难，越挫越勇的精神，让运动员可以在高强度的体育竞赛中始终保持着积极向上的心态和源源不断的活力。在这种精神信念的熏陶下，高校学生也可以培养出积极奋斗的精神，获得面对困难正面面对、努力克服的勇气，从而实现自我突破，在这种精神的影响下，学生不会再畏惧失败、畏惧困难，而是在进取和奋斗心态的鼓舞下，不断提高自身知识技能，勇于尝试勇于挑战。奥林匹克精神强调公平竞争，在奥林匹克竞赛中，运动员之间的竞争是良性的、积极向上的，这种公平、公正、规范，尊重规则的精神也会影响学生的思想道德观念，提升学生的思想道德水平，进一步完善学生对于公平竞争的认识，帮助学生形成良好的规则意识。不仅有利于学生在校园生活中规范自身的行为，做到讲诚信、光明磊落，还可以使学生在走向社会时保持更高的思想道德水准，减少社会中不公平现象的产生，有利于营造良好的社会风气，减少社会中的道德失范行为。奥林匹克精神是一种多元包容的精神，一直以来为世界范围内的民族关系和谐，各国人民友好相处做出积极的努力和正向的影响。奥林匹克精神倡导民族平等，包容各民族之间的政治经济文化差异，倡导和平，反对歧视，这种和平友好的理念也会对高校学生产生正面的影响。

② 奥林匹克精神可以强化高校校园体育文化建设的教育

奥林匹克精神的教育意义决定了其在高校文化建设具有很高的教育

意义，可以在学生的思想观念上做出正确的引导。高校体育文化建设的根本目的是通过吸引学生参加体育活动，提高对体育价值的认识，丰富学生的文化知识，从而进一步加强对学生的综合素质培养，促进学生身心的全面发展。高校体育文化建设不仅仅在于要传播体育文化，改善学生的身体素质，更是要从根本上影响学生的思想道德观念，完善他们的身心。奥林匹克精神发源于奥林匹克运动，在不断的发展中具备了精神价值和文化内涵，有着一定的教育意义，不仅影响了奥林匹克运动的参与者，更是在其传播的过程中影响了许许多多的人，奥林匹克精神对于人们的道德观念有着正向塑造的作用，因此在高校体育文化中奥林匹克精神的教育意义无可替代。

③ 奥林匹克精神可以促进高校校园体育文化发展建设的深化

奥林匹克精神之所以可以经久不衰，在历史的长河中始终保持着持续发展的态势，是因为其在发展的过程中紧跟社会发展脚步，不断注入新的文明和当代价值观念，奥林匹克精神不断地进行自我更新，吸收各民族先进文化，丰富其自身的内涵，以包容的态度对待世界各国的思想观念，并对它们进行融合和再创造。奥林匹克精神的发展同社会的发展一样，都是开放的、进步的、不断更新的，因此奥林匹克精神具备动态发展的特点，这一特点使它保有活力，适应社会前进的步伐。将奥林匹克精神融入校园体育文化健身，可以进一步优化校园体育文化建设的发展思路，为校园体育文化建设的方向有着一定的借鉴意义，鼓励建设者们跟随时代脚步，走出校园，走向社会。既要注重加强学校之间的体育文化交流，还要大胆地走出国门，吸收世界的地的先进文化，加强国际间的体育文化交流，拓宽学生的视野，深化自身的价值和内涵。这样校园体育文化才能保持健康稳定发展的态势，不断地向下扎根，从而产生长久、深远的影响。

（2）高校校园体育文化发展对奥林匹克精神的弘扬作用

高校是优秀文化发展传播的重要场合，特别是对于体育文化来说，大学生对于体育运动有着很浓厚的兴趣，大学生精力旺盛，思维活跃，加以正确的引导就可以激发他们对体育活动的热爱，大学生的集体生活更方便体育活动的开展，还可以通过学生之间的互相影响扩大校园体育文化的传播范围，形成叠加的效果。大学校园有着各种各样的体育设施，还有丰富的体育相关资料，学生可以对自己感兴趣的体育文化进行充分的学习和探索，并将其付诸实践。高校学生思想开放，思维活跃，善于接受新的思想，并对其进行创新，因此校园体育文化的传播应充分利用学生群体的主动性和创造性特点，把握时机让校园体育文化得到进一步的发展和弘扬。奥林匹克精神注入校园文化不仅仅丰富了校园文化的内容，同时还可以使奥林匹克精神有新的发展机遇。奥林匹克精神历史悠久，传承数代，是人类精神文明瑰宝，有着丰厚的文化底蕴和精神内涵，但这种内涵需要当代人的不断发掘，并与当代精神文明发生碰撞，这样奥林匹克精神才能不断发展创新，才能使奥林匹克精神成为与时俱进的思想财富。大学生群体善于思考，善于接受，善于创新，因此大学生群体在受到奥林匹克精神的良好影响的同时也会降自身感悟融合到奥林匹克精神中，从而形成新的思想成果，使奥林匹克精神更具时代特色，更加先进。高校是文化传播的重要阵地，奥林匹克精神在高校体育文化建设的过程中也会得到更加持续、健康的发展。

（二）奥林匹克精神与高校校园体育文化协同发展的挑战

奥林匹克精神与高校校园体育文化是协同发展的，可以形成相互促进的局面，但是在这一发展过程中也存在一些挑战。

1. 奥林匹克运动业余原则与高校校园体育文化的功利性

奥林匹克精神始终倡导奥品匹克运动的业余原则，基于这一原则奥林匹克运动从不设金钱奖励，只授予荣誉。这一原则也是奥林匹克之父顾拜旦的精神追求。高校体育文化建设应以改善学生体质，促进学生身心全面发展，发扬体育精神为目标，但在实际开展时，高校校园体育文化难免会带有功利色彩。部分高校学生参与体育活动只是为了赢得荣誉和奖学金，甚至为此耽误正常的文化课学习，在运动会上学生积极参与比赛获得名次也只是为了学分或在其他评比中获得加分。在这样的体育氛围中，校园体育文化逐渐变得功利性十足，学生无法做到真正的热爱体育，更无法深刻体会到体育精神的价值，并对其进行传承和弘扬。

2. 奥林匹克运动与高校体育商业化

商业化使奥林匹克远动会获得得了更多的资金来源，从某种意义上说促进了奥林匹克的发展，使奥品匹克运动会的举办有了更大的影响，使奥林匹克运动有了新的生机。但是商业化也有着它的弊端，商业化影响了奥林匹克精神的长足发展，文化意识形态与商业性质存在着一定的矛盾。如何平衡二者之间的关系，使商业化的既可以促进奥林匹克的发展又不影响奥林匹克精神的纯粹性，这是一直以来都面临的问题，在高校体育文化建设中也存在着类似的问题，商业化给高校体育文化的传播带来了一定的优势，同时也造成了一定的威胁，使校园文化受到挑战，体育运动的竞技场应避免变成一个商业化活动的载体，变成一个巨大的"市场"，应让商业化为体育文化传播提供帮助，而不是将体育运动变为一种商业手段。

3. 奥林匹克科学主义崇拜与高校校园体育文化的装备论

科学技术的快速发展影响着人类社会的方方面面，这其中就包括对体育活动的影响。人们进行体育活动的场地越来越现代化，设备越来越先进，人们进行体育运动越来越依赖于科学技术手段，而非运动员本身，运动员能力提高也越来越仰赖与数据的分析，运动员逐渐被科技所支配。高校体育运动文化也有这方面的困扰，人们在面对体育运动时首先想到的是要提高设备的先进性，提高场地的现代化程度，不再认真钻研运动技术，运动员本身的主体性和尊严受到挑战。

4. 奥林匹克追求成绩与高校体育文化追求健康的冲突

奥林匹克精神追求的是更高更快更强，这一精神使人不断地超越自我在运动成绩和技术上寻求突破，但是人的身体是有极限的，人无法一味地追求取得更好的运动成绩而忽视身体极限，这样很有可能对身体健康造成一定的影响。高校体育文化建设要建立在保护学生身体健康的基础上，但是竞技体育难免会在训练或比赛的过程中，对身体造成一定的伤害，这就对高校和教师提出了更高的要求，要教育学生对自身的身体健康负责，不要盲目训练，秉持健康第一的原则进行体育活动，同时要加强监管，避免运动损伤的发生。

(三)奥林匹克精神与高校校园体育文化协同发展现状原因分析

1. 缺乏对奥林匹克精神的深层理解

奥林匹克精神一直以来是与奥林匹克运动紧密联系的，奥林匹克精神在奥林匹克运动中不断实践、发展，奥林匹克运动也是奥林匹克精神的载体，人们通过运动来感受运动氛围，体会奥林匹克精神，并在实践中享受奥林匹克运动对自身的影响，这种影响既包括对身体的塑造，也包括对精神的塑造。奥林匹克精神虽然源于奥林匹克运动并以运动为载体，但是奥林匹克精神并不局限于体育运动范畴，奥林匹克精神通过运动完成对人方方面面的塑造，进而改变人们的道德观念、思想意识、性格秉性和对待事物的态度和看法，这些影响渗透在人们的日常之中，从而使人们的生活方式和行为方式发生改变。如果人们对奥林匹克精神的认知仅仅停留在运动层面显然是具有一定局限性的，奥林匹克精神有着更深层次的价值和含义，人们可以将它与生活工作相联系，从而实现自身全方位的提升，鼓舞自己在生活中也成为一个积极进取，顽强拼搏的人。奥林匹克作为世界级的运动盛会，已经成为人们日常生活的一部分，但是奥林匹克的热度一直以来都是随着奥林匹克运动会的举办得到空前的上升，等到运动会过去，人们也就失去了对奥林匹克的热情，更不要说可以体会其精神，领悟其内涵，这一现象在许多举办过奥运会的国家都有不同程度的体现。因此从以上两个方面来看，要加强人们对奥林匹克精神的深刻认识，依靠高校学生的主动性，来发展奥林匹克精神，从而实现奥林匹克精神的长久发展，让奥林匹克精神不仅仅停留在校园体育范畴，要渗透进高校学生学习和生活之中，从各方面助力高校学生的个人综合素质提升，完成对学生主体的塑造。

2. 高校对校园体育文化发展建设的重视程度不够

部分高校的体育文化建设依旧只停留在加强学生体质的层面，学校和教师只注重强调体育对于身体健康的作用，注重体育活动和开展和运动技能的传授，而忽略了体育的文化价值和精神内涵。高校体育文化作为校园文化的重要组成部分应该从意识上对学生产生影响，从而使学生的身心得到全面发展，体育精神的作用没有得到充分发挥，高校体育文化建设也就无法达到更高的层次，也就很难获得好的效果。高校要充分意识到校园体育文化建设的价值，用体育精神去鼓舞学生，这种先进的意识是促进高校体育文化建设的原动力。许多高校依然是将大部分的人力物力财力投入到教学活动中，并不重视校园体育文化的建设，投入比重也很小，这样校园体育文化建设工作也难以开展。

3. 奥林匹克精神的本质无法融入高校校园体育文化建设中

奥林匹克精神的影响并非一朝一夕的事情，在奥林匹克精神传播的过程中高校要注重长效性，不能只有三分钟热度。高校管理者和教师首先要对奥林匹克精神有深层次的理解，将之真正融入高校校园体育文化建设中，使奥林匹克精神文化与校园体育文化做到互相结合，相互促进，而不是在校园体育文化建设过程中增加几个相关的标语，流于形式。

4. 大学生不能切实参与奥林匹克精神的教育工作

校园体育文化建设不能仅仅依靠形式层面的建设方式，更要让广大师生都积极的参与进来，只有通过不断的实践活动才能让高校学生切实体会到校园体育文化的精神内涵。奥林匹克精神在校园的传播与弘扬离不开学生的实践活动，只有大家都参与到奥林匹克精神的传播中来，才能形成校园体育文化氛围，使奥林匹克精神在校园内迸发出生机与活力。

奥林匹克精神的宣传不能只是政策上的执行，更要想办法调动师生的积极性，将学生从课业压力中解放出来，投入到体育活动中，从而使学生的身心得到放松，真切地感受到奥林匹克精神的魅力，才能更好地投入到学习和生活中。大多数高校学生都在过着宿舍、教室、自习室三点一线的生活，很难有兴趣开展体育活动，这一现象阻碍了校园体育文化的建设，使奥林匹克的教育作用难以得到发挥。

（四）奥林匹克精神与高校校园体育文化协同发展对策

高校校园体育文化是校园文化的一部分，是校园精神文明建设的重要环节，具备鲜明的校园特色，是高校学生青春活力、积极向上的体现。校园体育文化建设有助于师生的体育素养提升，同时也是我国的体育精神建设的重要途径，校园体育文化与奥林匹克精神协同发展，可以帮助奥林匹克精神快速发展。奥林匹克精神可以使校园体育文化更具教育作用，帮助高校实现培养全面型人才的目标。现代奥林匹克精神既保留了奥林匹克精神的身后历史底蕴，又融合了现代化的体育精神和运动理念，在校园宣传奥林匹克精神可以使学生对体育文化有着更深层次的理解，同时还可以让学生在奥林匹克精神的感染下，形成积极拼搏，不断奋斗的精神。

1. 广泛开展高校奥林匹克精神教育工作

（1）成立奥林匹克精神教育部门

奥林匹克精神融入校园体育文化建设不是一朝一夕的工作，也不是流于表面的工作，需要在系统的研究、指导和管理下进行，因此高校应成立相关部门对奥林匹克精神的教育工作实现全面的管理。一方面要加强对于奥林匹克精神理论上的研究，奥林匹克精神历史悠久、内容丰富，具有鲜明的时代特征，是一个不断动态发展的理论体系。因此高校奥林匹克教育部门要抓好奥林匹克精神的研究工作，深挖奥林匹克精神内涵，并将其融入到日常的建设活动中，这样才能将精神转化为实践渗透到学生的学习和生活中，对学生产生潜移默化的影响，这一工作涉及多个学科的协调配合，因此高校管理者要积极统筹，完成奥林匹克精神的深层次研究。另一方面要形成自上而下的科学管理系统。任何活动的开展都离不开管理工作，奥林匹克教育工作的管理是奥林匹克精神传播的保障，精准化的管理可以使奥林匹克精神传播与校园体育文化建设的步调保持一致，使奥林匹克精神传播工作有序、深入地进行。首先要建立领导小组统筹管理奥林匹克教育工作，指导奥林匹克精神与校园体育文化建设的结合；其次各个院系也要成立相关的部门，有专门的负责人员对高校奥林匹克教育工作开展的种种政策规定或指令进行具体的执行，会同其他相关部门做好校园体育文化建设工作的开展；最后不能忽视学生体育社团的作用，要通过学生体育社团开展和组织学生参与校园体育活动，收集学生意见，使校园体育文化建设与学生的实际需求相贴合。

（2）将奥林匹克精神融入大学教学实践中

奥林匹克精神与校园体育文化的结合，离不开校园环境的影响，也就离不开教学工作，高校的专业之间是彼此独立的，但是在一些方面也可以互相渗透，因此教学工作也会影响校园体育文化的建设，影响奥林匹克精神的教育工作。可以把奥林匹克精神的教育融入到各方面的教学工作中，从而对学生形成全方位的渗透，通过课堂教学使学生对奥林匹克精神有一定的基础认知，也更方便日常奥林匹克教育活动的开展，加强学生对奥林匹克的兴趣。

（3）建设进行奥林匹克教育的师资队伍

奥林匹克精神的传播离不开教师的引导，高水平的教师可以对奥林匹克精神做到全方位的理解与渗透，帮助学生对奥林匹克精神进行深层次的认知，引导学生爱上奥林匹克和体育运动。教师作为校园文化建设的参与者和引导者，在奥林匹克教育中有着举足轻重的作用，教师的言传身教会影响学生的态度，因此高校要注重加强师资队伍的建设，从源头上把控奥林匹克教育的质量，高水准的教学输出才能使学生产生兴趣，才能促进奥林匹克教育工作的开展，丰富校园文化建设的内容，提升校园体育文化建设的效果。

（4）成立高校奥林匹克俱乐部

高校是学生群体的聚集地，拥有相同兴趣爱好的学生可以组成社会和俱乐部，共同的开展活动，发展兴趣爱好。俱乐部是由学生自发组织的，因此奥林匹克俱乐部的成员首先对于奥林匹克运动和奥林匹克精神都有一定的了解和热爱，这样学生可以充分发挥主观能动性，积极开展相关活动，发展奥林匹克精神，使俱乐部的影响不断扩大。对于奥林匹克俱乐部高校要予以一定的重视和支持，帮助学生聘请相关教师进行专业化的指导。奥林匹克俱乐部有利于相关活动的开展，例如奥林匹克运动项目的组织和开展、奥林匹克知识竞赛的举办等，这些活动都可以对奥林匹克教育的开展起到一定的传播和促进作用，可以扩大奥林匹克精神在校园内的影响力。

（5）积极进行高校奥林匹克交流活动

高校在进行校园体育文化建设的过程中，不能只注重体育文化和体育精神的输出，还要保证一定的输出效果。特别是对于奥林匹克精神而言，其内涵丰富，发展时间悠久，具有多元的内容。现在是信息时代，人们对于信息的掌握影响着人们对于事物的认知，因此要注重信息的交流，拓宽信息获得渠道，对于奥林匹克教育而言也是如此。高校要注重学生群体对于奥林匹克精神的理解程度和掌握情况，定期举办交流和探讨活动，让学生之间和师生之间进行充分的交流，突破个人信息来源的局限性，增强对奥林匹克精神的全面认知。这种交流不仅仅要在校内进行，还要走出校门甚至走出国门，去奥林匹克的发源地进行探索。高校管理者之间也要注重工作经验和方式方法的交流，积极推进我国的校园体育文化建设工作。

（6）深度开展高校各种体育运动和课外体育竞技活动

奥林匹克精神教育作用的实现离不开体育运动的开展，奥林匹克精神教育不能空谈理论，只对学生传授理论知识进行理论教育，忽略实践的作用。高校要在学生对奥林匹克精神有一定的了解和认识后，开展相关的体育运动或其他活动，让学生对自身已有的认识进行深入地理解和消化，建构属于自己的奥林匹克理论体系，从而将奥林匹克精神彻底吸收，融合为自身思想意识的一部分。高校还可以通过体育运动让学生感受到奥林匹克的魅力，吸引学生深入学习奥林匹克精神，主动参与到奥林匹克精神的传播中来，成为校园体育文化建设的一分子。

奥林匹克的公平公正原则和规则意识、拼搏精神、竞争意识都渗透在了奥林匹克运动中，百闻不如一见，学生看到、感受到了真实的奥林匹克运动流程，才能领会奥林匹克精神的实际意义。

奥林匹克教育活动的方式也要多种多样，可以穿插一些奥林匹克知识竞赛或者开办奥林匹克讲座，组织奥林匹克文化艺术节，让广大师生都可以参与其中，在这些活动中师生之间也可以积极交流，形成良好的奥林匹克氛围，感染更多的学生。

2. 营造弘扬奥林匹克精神的浓厚氛围

要提高校园体育文化中奥林匹克精神的地位，形成浓厚的校园文化环境氛围，重视奥林匹克精神的教育作用，使奥林匹克精神和校园体育文化形成良性结合。

（1）搞好奥林匹克精神的宣传工作

宣传活动是传播的第一步，要想使高校学生能迅速准确的了解奥林匹克精神，就要加大宣传力度，拓宽宣传渠道，利用多种多样的现代媒体途径，对奥林匹克精神进行广泛的传播。一方面可以丰富学生的相关知识，提升学生的文化素养；另一方面还可以对学生产生潜移默化的影响，让奥林匹克精神融入学生的日常学习、生活中，逐渐形成体育意识。宣传报道的内容也要丰富多样，吸引学生的关注度，例如报道奥运新闻，介绍奥运冠军的事迹，科普奥林匹克知识，介绍奥林匹克运动的规则等。

（2）完善体育相关设施的建设

完善的设施和先进的场地是校园体育文化建设的有力保障，因此要加大设施投入，不能让设施的老旧和场地的不足成为校园体育文化建设的阻碍。同时还要增加一些校园文化环境的投入，比如增加条幅、标语、雕塑等，还可以充实图书馆的相关资料，使学生的学习视野得以拓宽。

三、民族传统体育文化与高校校园体育文化协同发展

（一）民族传统体育文化概述

1. 民族传统体育文化的概念

民族传统体育文化，即各民族在不断发展与进步的过程中所形成的全部的体育文化。民族传统体育文化内涵非常丰富，主要涵盖物质文化、精神文化、制度文化等各个方面。

2. 民族传统体育文化的属性

受中国传统文化的影响，历经长期的发展，我国的民族传统体育文化也体现出整体性、中庸性、礼仪性和道德性等基本特征，并逐渐形成了以宽厚、和平为价值取向的体育形态。总体来看，中华民族传统体育文化具有以下基本属性。

（1）强调整体性与和谐性的统一

"天人合一"是中国古代重要的哲学基础，这一哲学理念非常强调整体性与和谐性的统一。可以说，天人关系是中国传统文化的一个基本命题，受历史条件和人们认识等的影响。古人认为自然界是不可能被改变的，人类只能接受自然界施于自身的要求。表现在民族传统体育文化中，则突出体现为重精神和过程轻物质和结果。

除此之外，民族传统体育在形成与发展的过程中还与外部世界发生密切的沟通与联系。如太极拳等项目，主张通过身体与意识活动来实现

身心和谐的目标，这充分体现了我国古人所主张的身体与自然协调发展的体育价值观念。另外，太极拳等健身习练者通常都采用基本功结合完整练习的方式进行习练，这反映了民族传统体育"形神兼备，内外兼修"的基本理念。

（2）推崇伦理教化的价值取向

受中国儒家传统文化的影响，我国民族传统体育都非常重视伦理教化，以展示道德理念为标准，把道德作为人的最大价值和最高需要。于是，民族传统体育坚持寓教于体，寓教于乐的原则，追求在竞争中实现道德的培养与升华。如儒家先哲推崇的射礼，要求射者"内志正、外体直、然后持弓矢审固；持弓矢审固，然后可以言中"[①]。司马光也曾说过："投壶者不使之过，亦不使之不及，所以为中也，不使之偏颇流散，所以为正也。中正、道之根底也。"[②]以上这些都体现出我国民族传统体育伦理教化的意图。

（3）追求宽厚、和平的文化理念

民族传统体育是伴随着人们的生产与生活产生和发展的，其活动与人们的生活密切相关。人们通过参加各种各样的传统体育活动，不仅能强身健体还能获得精神的愉悦，提升自己的意志品质。通常来说，大部分民族传统体育活动都以强身健体为目的，将体育寓于娱乐与游戏之中，表现出明显的表演性和娱乐性，如黎族的跳竹竿、苗族的划龙舟等都具有鲜明的民族特色。

总之，中华民族传统体育崇尚中庸之道、信守顺其自然，讲究身体的发展及内部的平衡与和谐发展。总的来说，中华民族传统体育文化在保持追求宽厚与和平的文化理念发展的同时还要与时俱进，加强与时代的联系，汲取不同文化的精华，从而更好地促进自身的可持续发展。

---

① 李金容. 人类学视域下的民族传统体育研究［M］. 北京：光明日报出版社，2017.

② 张丽. 我国民族传统体育文化的传播与发展研究［M］. 长春：吉林出版集团股份有限公司，2021.

3. 民族传统体育文化的特征

中华民族传统体育项目众多，内容丰富，具有显著的健身与健心价值，充分反映了人们对美好生活的追求。与一般竞技体育运动相比，民族传统体育具有一定的优势，它与人们的生活、社会文化密切相关，属于中国悠久传统文化的重要内容。总的来说，中华民族传统体育呈现出以下文化特征。

（1）地域性特征

我国是一个多民族国家，各民族呈现出"大杂居、小聚居"的特点，在这样的背景下，各地域都存在着不同的价值观念，产生不同体育价值观和不同审美风格的体育文化。总体来看，南人善舟，北人乐骑，南方民族多以集体性体育项目为主体，北方民族更多以个体项目为主。另外，在体育项目上也表现出明显的方式和方法的差异。正因如此，我国民族传统体育文化才呈现出内容丰富、形式多样的特点，这一结果主要是其地域性特征导致的。

（2）民族性特征

文化是由人类所创造的，而人类在创造文化的同时，文化也在一定程度上塑造着人类本身，正是由于这种相互联系，人类才将自己塑造成了各具不同文化特征的群体——民族，在这样的前提下，各种社会事物都打上了深刻的民族性烙印，民族传统体育也不例外。如中国武术、日本柔道、韩国跆拳道等都是各自国家的象征。

各民族的体育文化既有体育文化的共同特征与属性，也有强烈的民族意识和民族特色。各民族传统体育文化的民族性，主要通过体育精神以及体育的外在形式、运动规则等内容表现出来。受中华民族传统文化的影响，我国民族传统体育的民族性主要表现为整体性、和谐性、养生性、保健性等几个方面，这是不同于国外其他民族体育文化的重要特征。

（3）生产性特征

从根本上而言，民族传统体育依赖于社会生产力的发展，离不开社会技术系统的支持，如马匹是我国各民族地区重要的生产工具，后来逐渐从生产生活中演变出了马上运动项目；而居住在东北地区的鄂伦春族，长期从事狩猎业生产，则喜爱射击、赛马等体育活动。由此可见，生产属性是民族传统体育发展的重要基础，也是其重要的文化特征。

（4）生活性特征

一般来说，人们生活的环境与其生产，生活习俗，以及活动规律之间有着重要的联系。在原始社会早期，人们的一切活动都与其动作活动方式（即体育）之间有着密切的关系。由此可见，在古代社会，传统体育就已成为人们日常生活的重要内容。

随着社会的发展与进步，民族传统体育慢慢脱离了生产性的特征，其生活性特征日益明显，而在人们的生活中占据着越来越重要的地位。

（5）认同性特征

与体育文化一样，民族传统体育文化也表现出重要的民族认同性特征。众所周知，各民族的团结与和谐是一个国家或地区稳定发展的重要保证。在促进各民族团结与发展的过程中，民族传统体育文化发挥着重要的作用。如传统武术在中华民族文化长期的熏陶下，逐渐形成了特色鲜明的体育项目。

4. 民族传统体育文化的价值

（1）文化传承价值

"天人合一"是我国古代重要的哲学思想，受此影响，民族传统体育在长期的发展中也逐渐形成了独特的崇尚礼让、宽厚、平和等价值取向的体育形态。这是对我国优秀民族文化的传承与发展。以武术为例，人们参加武术习练，不仅仅是习武可以增强体质，同时还能从中获得修身养性的效果，提高武德，提高精神品质。这突出反映了民族传统体育传承与发展我国优秀民族文化的重要价值。

（2）凝聚民族精神价值

我国众多的民族传统体育项目都与传统节日或者历史人物有着密切

相关的关系，通过参加各种各样的民族传统体育活动，人们能加强彼此间的沟通与交流，培养团结合作的集体主义精神，因此我国民族传统体育具有凝聚民族精神的价值。以"赛龙舟"比赛为例，起初这种比赛只是出于对龙图腾的崇拜，后来经过不断的发展，又逐渐增加了纪念屈原这一人物的内容。在这样的情况下，龙舟比赛将屈原身上的中华传统伦理道德和价值观凝聚起来，能促使参与者产生强烈的民族自豪感，极大地提高了中华民族的向心力和凝聚力。

（3）文化教育价值

作为我国传统文化的重要内容，民族传统体育深深地影响着人们的价值观、道德观、审美观等，同时对人们的各种行为模式也产生了极为重要的影响。由此可见，民族传统体育还具有重要的文化教育价值。这一价值在我国古代各个时期都得到了充分的证实。中华人民共和国成立后，我国政府及领导人都比较重视民族传统体育的教育价值，这促使民族传统体育在学校中获得了快速的发展。经过一段时期的发展，人们对民族传统体育文化教育价值的研究日益深入，人们也更加深刻地认识到民族传统体育的文化教育价值。

（二）民族传统体育与高校校园体育文化的关系

民族传统体育与高校校园体育文化的关系非常密切，二者之间是相互影响、相互促进的关系。我国民族传统体育内容丰富，形式多样，深厚的民族文化，有利于我国传统体育文化的弘扬、传播与发展。我国地大物博、高校林立，这为民族传统体育文化的传承与发展提供了重要的渠道。学校就成为其重要的传播基地。学校要将自己的传承载体优势充分发挥出来，履行弘扬民族体育文化的责任，促进校园体育文化的建设与发展。

民族传统体育对高校体育文化的影响必然形成朴素内向、含蓄深邃、天人合一的理念。我国民族传统体育历史悠久，内容丰富多彩，具有显著的健身、教育和娱乐等方面的价值。而学生尤其是大学生肩负着传承我国传统文化的重任，他们是建设校园体育文化的主力，是传统文化的传人，而大学生要想传承传统文化，首先要从内心对我国民族的优秀文化抱有接受。对学校而言，教师与学生都是传承我国民族传统体育文化的重要力量，因此师生要重视民族传统体育文化的建设工作，作好传承与发展。学校是民族传统体育发展的重要载体，通过民族传统体育教育，学生能建立和形成正确的体育价值观，并促进校园体育文化的健康发展。

体育事业属于我国现代化建设的重要内容，中国特色社会主义的建设也需要民族传统体育事业的发展。民族传统体育教学是学校体育的重要组成部分，也是社会主义精神文明建设的重要内容之一。因此，高校要积极响应国家的号召，担负起民族传统体育的传承责任。在教学中要大力宣传民族传统体育，让师生深刻认识民族传统体育的价值与内涵，从根本上激发学习民族传统体育的兴趣，从而促进民族传统体育的进一步发展。

（三）民族传统体育文化与高校校园体育文化协同发展策略

1. 明确民族传统体育发展的方向

在民族传统体育发展的过程中，要认真钻研国家关于民族传统体育的政策文件并在战略上给予高度重视，认清民族传统体育发展的方向。发展到现在，受西方竞技体育运动的冲击，我国民族传统体育的发展举步维艰，一部分民族传统体育项目甚至濒临消亡。这就要求民族传统体育的研究者和领导者，一定要肩负起推动民族传统体育传承的历史重担，采取各种措施和手段，扩大民族传统体育的影响力，做好民族传统体育文化的传承与发展。

2. 推进民族传统体育课程改革

受传统教育思想观念的影响，在高校教育中，体育教学历来不受重视，体育课年限较短，这一现状在很大程度上制约和影响着民族传统体育课程的建设与发展。为促进学校民族传统体育的发展，必须要扭转不良的体育观念，推进民族传统体育的课程改革，其中必选课形式课程与俱乐部教学都是比较好的形式和途径。通过这一途径，学生学习民族传统体育的时间能够得到一定的保证，从而为知识与技能的掌握打下良好的基础。另外，体育教师还可以结合本地区的特色挖掘和引入一部分适合学校体育教学的民族体育项目，拓宽课程内容，以充分激发学生学习的兴趣，满足学生的体育需求。

需要注意的是，在进行民族传统体育课程改革与创新的过程中，要遵循民族传统体育及市场发展的规律，以市场为导向，挖掘与创新民族传统体育内容。当前，我国学校民族传统体育课程设置比较狭窄、内容较为单一，不能满足学生的学习需求，因此，必须加强民族传统体育课程的设计与创新，使民族传统体育课程符合现代教育发展的要求。

（1）发挥教师积极性，加强课程资源的创新

当前，我国各学校都比较缺乏优良的民族传统体育课程资源，这是制约我国民族传统体育教学发展的一个重要原因。面对这种情形，应充分调动教师的积极性，积极开发和挖掘民族传统体育课程资源，这是促进我国学校民族传统体育教学发展的一个重要途径。

据调查发现，造成我国学校民族传统体育课程资源缺乏的一个重要原因是教师普遍缺乏课程意识，并且没有真正意识到教师本身在课程资源当中的重要作用。大家往往认为课程资源的利用开发的责任者是专家学者，而往往忽略体育教师在这方面所起到的重要作用。但民族传统体育教学课程的优化创新就要求体育教师具备课程开发的基本素养和能力。所以对教师积极性的调动在民族传统体育课程资源的开发利用上是非常有价值的。

在具体的教学过程中，要充分发挥体育教师的积极性，需要做好以下几个方面。

① 重视民族传统体育课程价值主体的转变

在传统教育体制下，学生的主体地位没有得到很好的体现，教师一直是教学的中心，这不利于学生主动性的学习，也不利于教学质量的提高。而在现代教育观念下，整个教学更加注重学生的主体性，重视学生在学习过程中的情感体验，注重其积极性和主动性的培养。

在新课程改革标准下，传统民族体育课程资源的创新应从教师价值主体向学生价值主体转化，体育教学内容的选择与确定将受到各个方面的制约。在过去的体育教学大纲中，民族传统体育教学内容的选择与确定往往更重视教育工作者对于教学内容的价值取向，因此重视的仅仅是教师的教。与竞技体育不同，民族传统体育既有竞技的成分，又有自身的特色，学生参加活动无论技术高低，都是教学活动的主体。

② 重视民族传统体育课程内容的优化组合

在体育教学过程中，体育教师应重视民族传统体育课程教学内容的创新。在教材的编写方面，编写者应充分理解并体现新课程标准的主旨，同时还要充分满足学生的学习需要。而从体育教师的教学角度看，其优化创新主要是教师运用合理的手段方法将民族传统体育教材内容置于教学内容当中，这个过程要有新意，要能充分调动学生学习民族传统体育的积极性和兴趣。

（2）分析课程资源类型，合理选用开发途径

在分析民族传统体育课程资源类型，根据民族传统体育教学实际开发课程资源时，应做好以下几方面的工作。

① 开展社会调查，了解现代社会对学生未来发展和综合素质的要求，了解尚待开发和利用的民族传统体育资源。在调查的过程中，范围要广泛，要涉及民族传统体育教育的各个层面。

② 通过进行学生调查来明确学生对于民族传统体育课程资源的需要和兴趣以及能起到最大作用的课程资源是什么。

③ 在明确开发与利用民族传统体育课程资源的基础上，制定具体的措施和手段，确保课程资源能很好地融入师生的教学活动。

（3）延续学校民族传统体育课程教学资源

随着现代教育的不断进行，民族传统体育教学内容会越来越丰富。因此在选择民族传统体育教学内容时，仍可以民族传统体育教学内容为主，但选择时应注意体现出教育性、健身性、科学性、趣味性，要将教学内容资源的选择与时代性结合起来，符合现代社会体育教育的要求。

（4）改造学校民族传统体育课程教学资源

在现代教育背景下，某些民族传统体育教学内容已不适合现代体育教学的要求。因此，为了更好地发挥传统体育教学内容的优势，使其更好地为体育教学服务，学校民族传统体育教学研究者及教师应对其进行适当改造，以适应现代教学的需要。注意改造应从规则、技术难度、趣味性等方面入手。改造的主要方式有简化规则、降低难度、游戏化、生活化等。改造的过程中，要结合具体的教学实际，有针对性地进行。

（5）拓展民族传统课程教学的类型与内容

目前，我国学校传统武术教学主要是以选修课为主，形式较为单一。对此，建议各地区学校根据各自的实际情况，有针对性、目的性地拓展民族传统体育课程类型，使课内、课外一体化教学得到进一步加强，进而使民族传统体育课程结构得到进一步完善。

很长一段时间以来，我国民族传统体育教材内容往往是专家、学者按照特定的要求编写的，严密性和逻辑性很强。这种编写方式虽有利于教学，但容易脱离教育教学实际。教材的课程内容需经过体育教师的加工讲解，才真正成为教学内容展现给学生。因此在民族传统体育教学过程中，教师可根据民族传统体育教学目标和实际情况对教材内容加以取舍，删减掉其中落后、冗余的内容，将随着时代发展而来的新生事物补充进来。

以武术教学为例，在课程内容选择和设计方面，绝大多数学校都是将武术套路运动作为主要内容，但是，根据目前的调查来看，格斗运动越来越引起学生的兴趣。因此为满足学生的学习需求与兴趣，应将格斗列入教学内容中，丰富传统武术课程教学内容，激发学生学习民族传统体育的兴趣。

（6）重视新型民族传统体育课程资源引进

任何事物要想获得进一步的发展，必须要加强创新。创新是一个事物发展和进步的重要推动力。对于学校民族传统体育而言，要想紧跟时代发展的形势，满足现代体育教育的要求和学生的学习需求，就要加强自身的创新发展，其中挖掘与创新体育课程资源就是重要的途径和手段。

发展至今，在学校中出现了一些新兴的民族体育项目，这些项目大都具有强烈的趣味性和娱乐性，与现代竞技体育运动的特点非常符合，深受学校学生的青睐。因此，引入新兴的民族体育项目，或者将传统体育项目与现代竞技体育相融合与创新，能为学校民族传统体育的发展带来新的活力。但需要注意的是，在引进与创新民族传统体育项目时，要遵循一定的原理与规则，掌握方式和方法，根据当前的具体教学实际进行创新和设计；设计的内容要保留民族体育项目本来的特色，同时还要体现现代体育的要求，以充分满足学生的体育需求。

（7）加强民族传统体育课程专业教材建设

民族传统体育有着深刻而丰富的内涵，其学科涉及体育学、哲学、历史学、教育学、美学、伦理学等学科。作为一个交叉性学科，要想获得健康的发展，首先就要加强课程的教材化建设，这是民族传统体育课程发展的重要基础。因此，各民族地区的各级学校要结合本校的实际情况，不断创新与完善民族传统体育教材体系，加强民族传统体育的教材建设，以为教师和学生提供良好的学习载体。

3. 增加民族传统体育文化教学内容

民族传统体育属于中国传统文化的重要内容，其发展对于我国传统文化的可持续发展具有深远的影响和意义。因此，传承中国传统文化就成为高校民族传统体育教学的一项重要任务。高校在开展民族传统体育教学的实践中，要十分重视民族传统体育理论知识与实践教学的结合，适当增加民族传统体育文化内容的教学，以帮助学生建立丰富的民族传统体育理论知识体系。

4. 增加民族传统体育教学经费投入

当前，我国民族传统体育课程开发经常会出现半途而废的情况，主要原因有课程开发实验得不到支持；实验条件不能满足；经费不足；研究人员与实验学校不能协调等。有些高校的领导听到一些负面评价就对课程开发失去信心，便开始减少经费投入、撤销科研人员，甚至停止开发课程。由此可见，资金短缺在很大程度上限制了民族传统体育在高校中的发展，因此要加大民族传统体育课程建设的资金投入。

（1）要加强民族传统体育项目的资金投入力度，重点发展比较成熟的民族传统体育项目，在其发展起来后带动其他民族传统体育项目的发展。

（2）要兼顾一般民族传统体育项目的资金投入，促使其开发和发展。

（3）要根据民族传统体育的场地和设施状况，结合学校的具体实际增加民族传统体育场馆，满足学生的体育学习需求。

5. 建立健全民族传统体育竞赛体制

大量的事实表明，在学校中建立科学的民族传统体育竞赛体制也是非常有必要的。学校定期举办民族传统体育运动会和单项赛事等，能更好地宣传与推广民族传统体育，激发学生学习民族传统体育的动力。学生通过参加各种形式的民族传统体育活动还能增强体质，提高运动技能，丰富自己的业余文化生活。因此说建立一个健全的民族传统体育竞赛机制具有重要的意义。

由于我国民族传统体育引入学校教育中的时间较短，其发展没有既定的规律可循，因此在建立民族传统体育的竞赛体制的过程中，可以借鉴其他发展相对成熟的体育项目的先进经验，走民族传统体育的特色化道路。

综上所述，民族传统体育本身蕴含着丰富的民族精神与文化内涵，在高校开展民族传统体育活动，建设富有特色的校园民族传统体育文化，不仅可以增强学生学习和参与运动锻炼的积极性，促使其终身体育习惯的养成，还能在一定程度上增强学生的民族凝聚力，有利于各民族的和谐与发展，维护我国社会的稳定与团结。

参考文献

［1］ 蔡俊生. 文化论［M］. 北京：人民出版社，2003.

［2］ 于可红，谢翔，夏思永. 体育文化［M］. 桂林：广西师范大学出版社，2003.

［3］ 周伟峰. 体育产业与体育文化发展管理探索［M］. 长春：吉林人民出版社，2022.

［4］ 谢萌. 高校体育文化教育研究［M］. 长春：吉林人民出版社，2021.

［5］ 冯世勇. 体育文化与实践研究［M］. 北京：中国政法大学出版社，2019.

［6］ 刘青. 新时期高校体育文化构建研究［M］. 长春：吉林人民出版社，2021.

［7］ 向青松. 高校体育文化理论与实践研究［M］. 北京：中国原子能出版社，2020.

［8］ 季本平. 新时期体育文化的传播与多元发展探索［M］. 北京：中国书籍出版社，2022.

［9］ 郑焕然. 大学体育文化与运动教程［M］. 北京：北京理工大学出版社，2020.

［10］ 高健，孙旭静. 高校体育文化教育与运动研究［M］. 北京：北京工业大学出版社，2019.

［11］ 赵青，韦希卉，丁枭. 广西高校体育文化建设现状及对策研究［J］. 体育视野，2022（19）：43-45.

［12］ 杨惠晓. 高校体育文化建设策略分析［J］. 体育风尚，2020（04）：

153+155.

[13] 张天聪,符智勇. 全民健身背景下高校体育文化的构建 [J]. 当代体育科技,2022,12(17):136-138.

[14] 杨彦杰. 新时代高校体育文化建设思考[J]. 文化学刊,2022(01):196-199.

[15] 耿锐,花家涛,陈鹏. 我国高校体育文化研究述评 [J]. 湖北体育科技,2022,41(01):89-94.

[16] 乔金珠."健康中国"背景下的高校体育文化发展[J]. 百科知识,2021(33):81-82.

[17] 任津锋. 阳光体育环境中高校体育文化建设研究[J]. 冰雪体育创新研究,2021(06):139-140.

[18] 邢新丽,王道君,陈玉权,等. 高校体育文化育人有效路径研究[J]. 体育科技,2021,42(04):114-115.

[19] 范洪悦,朱春勇,韩彬斌. 高校校园体育文化建设优化策略探究[J] 产业与科技论坛,2021,20(14):251-252.

[20] 赵博. 新媒体环境下高校体育文化传播研究 [J]. 公关世界,2022(15):114-115.

[21] 周士杰. 高校体育文化育人功能研究 [D]. 衡阳:南华大学,2017.

[22] 裴英帅. 秦皇岛市高校体育专业学生体育文化素养现状及培育对策研究 [D]. 秦皇岛:河北科技师范学院,2021.

[23] 邹媛. 美国高校体育文化中的品格教育渗透 [D]. 重庆:西南大学,2012.

[24] 徐光惠. 当前成都高校体育文化建设的调查与思考 [D]. 成都:西华大学,2013.

[25] 杨娜. 高校校园体育文化德育价值研究 [D]. 北京:北京体育大学,2016.

[26] 薛清. 新媒体环境下高校体育文化传播促进策略研究 [D]. 哈尔

滨：哈尔滨师范大学，2021.

［27］ 何伟. 新时代我国高校体育文化建设研究［D］. 赣州：江西理工大学，2021.

［28］ 陈永洪. 高校校园体育文化发展中存在的问题及对策研究［D］. 成都：四川师范大学，2019.

［29］ 王焱森. 现代奥林匹克运动文化与高校体育文化融合的研究［D］. 大连：辽宁师范大学，2007.

［30］ 何轶. 我国高校体育文化建设研究［D］. 长沙：湖南农业大学，2008.